一具稻草人之未曾扎紧
一架匆忙搭就的 十字

郑愁予

LAWS AS STRAW MEN

Make a Scare-crow of the Law Setting It Up to Fear the Birds of Prey   张建伟 著

法律/稻草人

序言
希望稻草人成为人

莫　言

我的老朋友,清华大学法学院教授张建伟将出版文集《法律稻草人》,嘱我作序,我虽然是法律的门外汉,但还是慨然允诺。

建伟教授是我们《检察日报》的老作者。他经常给"绿海"副刊写一些文采斐然的法律随笔,而我恰是"绿海"的老读者,可谓未识其人,先读其文。后来,在"绿海"组织的笔会上,我们有了多次面对面交流的机会。一个是搞文学的,一个是研究法律的,彼此观照问题的角度虽然不同,但却有很多共同关注的问题。文学中有法律,法律中也有文学。与建伟教授的交往使我获得很多裨益,我也有了更多的机会,深入了解这位年轻法律学者的内在心性。

古人说,文如其人。建伟教授为人淡泊,但敏而善思。他的法律随笔文章兼具知识性、趣味性和文学性。建伟教授以法律人的视角和思维审视和剖析一切,举凡我们熟悉的中外名著,我们关注的社会热点事件,乃至身边的点点滴滴,皆能信手拈来,秉笔成文。他的思维严谨、理性,是洞若观火的冷静思考,他的思路却是跳脱的,文字是活泼的,他把自己广博的法律、文史知识和对文学的雅好融于一炉,并把自己的理性和严谨巧妙地隐藏其中,就像盐溶于水,只有读过了,你才能感受到其中无痕有味的妙趣。因此,读建伟教授的法律随笔,你既不会厌倦于枯燥,也不会失望于浅陋。

毫无疑问,在政府对法治越来越重视的当下,法律学者理应以自己所学之长承担更多入世担当的社会责任。品读建伟教授的法律随笔，你的阅读感受会经历一个由轻松到凝重的嬗变过程，你会感叹作者在轻灵的文字背后蕴藏那么多厚重的思想感悟：他以国际性的眼光和贯通古今的历史思维对中国的法治现实进行比较和剖析，对当前法治建设中的陋习与弊端予以鞭笞，还有他冷静的法律思维与对草根阶层同情的统一，在占据道德高地的高士们发出的喧嚣声中，建伟教授发出的声音是冷静、清醒的，是值得我们认真关注的。

建伟教授的这本法律随笔集取名《法律稻草人》，其中颇具苦心。他说："近来常常想起稻草人，不是爱起春种秋收的老圃生涯，也不是赋归去来辞的心情驱使，而是闲极生异想，觉得在不尊重法律的社会，法律只能吓鸟，不正像个稻草人？"这个鲜活的比喻恰是击中了现实要害。对于民众的懵懂，他像鲁迅先生一样大声疾呼："现代法治的精神在于自由，期望有现代的法治，须先有现代意识的人。当一般民众睡眼朦胧，不知现代法治的真谛以及与申韩式法治的区别，指望法治能够实现于朝夕之间，指望自由能苟全于强权之下，无异于痴人说梦。"

多年前，我曾经从小学课本上读到过叶圣陶先生的童话《稻草人》，深深地被笼罩其中的悲伤情绪感染，也被稻草人的善良和无私感动。这篇童话让我此生都对稻草人有特殊感受，我感到这是一个丰富的意象，它其实是有生命的。建伟教授用稻草人来象征法律，更使我浮想联翩。我希望，我也坚信，稻草人，总有一天是会成为有生命的、活生生的人。

2011-1-8

自 序

张建伟

麦田里,有个守望者,两臂左右伸展,头上一顶草帽。

风里,雨里,晌晴白日,满空星斗,都是这个固定姿势,很长时间了。

在乡下,大人见惯,无动于衷;孩子见了,都喜欢;胆小的鸟儿见了,都很怕。

久居尘嚣的城里人很少想起他。偶尔游玩到乡下,一眼瞥见,无论老少,不分男女,会惊喜。

他没有名姓,只有身份。他是——稻草人。

近来常常想起稻草人,不是爱起春种秋收的老圃生涯,也不是赋归去来辞的心情驱使,而是闲极生异想,觉得在不尊重法律的社会,法律只能吓鸟,不正像个稻草人?

再想一想,这样的社会,司法神像也只是个稻草人。

在法律只是稻草人的社会,没有人相信,法律的正当程序是解决社会纠纷的最好办法。人们遇到麻烦,即使求助于司法,也对司法心存疑虑,他们将希望寄托于明君、贤相和清官,又不太相信自己真有遇上他们的好运气。他们求助于司法,又同时通过疏通关系去破坏、规避法制。他们在不利于自己或者自己觉得不便的法律上加个但书,那是他们的一句口号:只我例外。

法律被制定出来,不是不够用,而是不管用。

司法者率先垂范,为草民树立违反法制的典范,没有人认为这是危机,这很严重。

违反法制的行为,没有人制止和纠正,也没有人去追究责任。

日本推理小说家松本清张写过一部小说《砂器》,后来拍成电影。我高中时看过这部电影,印象深刻的是:影片开始时,一个小男孩用双手从海水边捧来沙子,做成一个一个碗状器皿,小孩离开后,砂器逐渐风干、破碎、散落,又被潮水抹去。初看这部电影,对片名寓意并不了解,对影片开始时的场景同样看不明白。多年后才恍然大悟,原来"砂器"在这部电影里寓意人与人之间感情的脆弱。后来读到纪伯伦《法律》一文,进一步增加了对"砂器"的印象。纪伯伦把法律喻为"砂器":

> 如同那在海滨游戏的孩子,勤恳地建造了沙塔,然后又嬉笑着将它毁坏。
>
> 但是当你们建造沙塔的时候,海洋又送许多的沙土上来。
>
> 到你们毁坏那沙塔的时候,海洋又与你们一同哄笑。
>
> 真的,海洋常和天真的人一同哄笑。

这正是法律稻草人社会的状态,自己制定法律又自己去破坏它。在这样的社会,几乎没有人会傻头傻脑要求兑现法律——那本来是国家或者社会最庄严、最守信的承诺。

大家心目中的法律,不过是一具具稻草人。

人们看着他,可以熟视无睹,他从来不会来找麻烦,甚至不会找作奸犯科者的麻烦。执法者足够懈怠,或者作奸犯科者有足够的势力。法律与所有的人,至少,与身份、背景特殊的人相安无事,井水不犯河水。

如果稻草人成为司法的象征,那就只能吓鸟。巴尔扎克用蜘蛛网来传递同样的意思,他说:"法律是蜘蛛网,大苍蝇触犯没事;

小苍蝇却给逮着。"其实，早在公元前600年，安纳哈瑞西斯就曾说过："法律很像蜘蛛网，小而无力的东西落在上面立刻被粘住；但是大的东西落上了，便挣扎网孔而逃之夭夭。"如果法律只是用于吓鸟，如同蜘蛛网只粘住小而无力的东西，那么法律还会得到尊重吗？

可惜，看起来没有多少人整天忧国忧民地想这些道理，人们看着一个个稻草人树立在田里，无动于衷，满心欢喜：看，我们有这么多！

一年又一年，都是如此，法律稻草人的社会看起来太平而正常。

这不是噩梦，只是讲得不太美妙的童话。一点也不可怕，真的，根本就不是，噩梦。

Contents

冷编

卷一

坏人说出的道理	5
窦娥来信	13
中西"钉子户"考异	17
基督山伯爵怎样复仇	21
从佩里·梅森想到律师怎么赚钱	25
司法纳粹化及其反对者	29

卷二

建在流沙上的塔	37
街头看法治	40
剧场里的"微观法治"	43
法律世界的"说不准学"	47
从遵法教育到启发民智	52
给法律一点敬意	58

卷三

藐视法庭罪该给谁设	65

证人不愿出庭的真正症结	68
方舟子的《西游记》世界	71
有想象力的犯罪和无"想象力"的司法	75
选择性执法戕害法治	80
我的夜晚没有你的梦魇	85
又见"冷血者"	88

卷四

玄都观之叹	97
爱上学不爱读书	100
诚信不够,听证来凑	104
怎教那考试舞弊一旦休	109
"犀利哥"的意外走红	112
学术界里风风雨雨	115
动机论怎样模糊了焦点	117

热集

卷五

晒几本读过的好书	125
白马到底非马	134
形式主义的谬误	137
法学之殇	140

卷六

专业意识	163
司法考试综合症	167

不该冷落普通判断力	**176**
大街上找来12个人	**180**
谁来拯救司法操守	**184**
检察服的"颜色革命"	**190**
检察官的风度如何养成	**196**
检察百年感言	**205**

卷七

切萨雷·贝卡里亚	**229**
弗朗西斯·培根	**232**
奥利弗·温德尔·霍姆斯	**235**
儿岛惟谦	**238**
维辛斯基	**241**
八秩江平	**245**

卷八

短文的妙处	**251**
感恩	**253**
与人无爱亦无嗔	**255**
有关月亮的四画屏	**257**
虞美人	**258**
角落	**261**
零打碎敲（七则）	**263**

跋	**267**

PART 1

冷 编

于是一个律师说,但是,我们的法律怎么样呢,大于?

他回答说:你们喜欢立法,却也更喜欢犯法。

——纪伯伦·《法律》

卷一 volume 1

坏人说出的道理

1

我们常常忽略坏人说出的道理。

事实是,从坏人嘴里说出的,并非都不值得首肯;有些话,讲得对。

我们知道他是坏人,他的话,我们不去琢磨;或者,不愿意相信。

这是坏人要付出的代价。

2

明代完熙生编著《包公演义》第七十二回"除黄氏兄弟刁恶"云:包公带着一个公人向陈州进发,来到一个叫"枫林渡"的地方。先到附近茶肆少坐,等待渡夫到了之后再过河。不料,吃了两盏热茶,本来应付二百文,却被卖茶大郎勒索了五百钱。争辩几句,那卖茶大郎怒骂:"不识好歹,我偏要你五百钱,不然吃得我几下拳头!"包公见他要行凶,连忙让那位公人凑了五百钱给他。走出茶店,正见渡夫撑船近岸,二人牵驴登船,管渡来讨渡钱,本应五百文,又被勒索七百钱,一质问,管渡者呵斥:"此渡常是依我讨,你敢来逆我言语,便推落水中,看尔们要命否?"包公问他:"此是官渡,是私渡?"管渡者说:"虽是官渡,亦要凭我。"那公人说:"既是官渡,今日有个包丞相要往陈州上任,倘从此渡经过,知汝逼取渡钱若干,还是如何?"那管渡的竟说:"包公不来便罢,纵使知的,亦不过打我几大棒,终不然有了蒸人甑耶?"包公听罢微微冷笑,即令那公人取过七百钱予他。

诸位看官读到这里,当然知道事情不算完。包公上岸后打听得这茶肆大郎与船上渡夫为黄氏兄弟两个,一个骗人茶钱,一个勒索渡资,不知坑过多少人,到陈州任上,将黄家兄弟捉到堂上审问。对大郎的处罚中规中矩,"审得大郎开茶店,欺骗平民该杖八十,用大枷枷号,晓谕数日,面刺双旗发配,仍将其家财一半入官,赈济饥民"。对于二郎,包公的处罚十分惊人,"提过二郎问云:'尔恃官渡骗人,近日老包来,尔也要索他钱钞,今日新造一甑,且将尔来蒸,看蒸得熟否?'道罢,即着数名无情汉,装起锅来,将二郎坐于甑中,扇着火,一霎时二郎蒸得皮开肉绽,死于甑中"。这件事的震慑效果立竿见影:"自后奸顽敛迹,畏包公这威严如猛虎也。"

读书至此,对中国乃文明古国、礼仪之邦的说法产生一丝疑虑。至少旧小说描写的刑事司法,与文明的差距实在不可以道里计。

看包公处断黄氏兄弟案,不免有点公报私仇的感觉。依现代眼光看,包公处断此案,无论程序还是实体都不够公正。程序上,包公本来是被勒索案件的当事人,程序正义的标准之一就是"与自身有关的人不应该是法官",在裁处黄氏兄弟的案件中,作为被害人的包拯自应回避。若问包公:"您这大堂是公堂,是私堂?既是公堂,大老爷当是如何?"不知包公如何回答(最可能的是,脸一沉,案一拍,怒喝一阵,甚至掷签打起人来)。

可怖的是,包公对黄二郎的处罚根本就是私刑。黄二郎的罪行,与黄大郎大体相当(两人虽然坑人无数,毕竟没有杀人越货或者伤人劫掠),处罚也应大体相当才对。黄二郎却死得奇惨,这一私刑显然是对黄二郎"亦不过打我几大棒,终不然有了蒸人甑"的说法的报复。当初黄二郎说这番话的时候,包公"微微冷笑",回过头来试想,从来肃然不笑的包公要冷笑起来令人毛骨悚然。

虽然黄二郎的放言有藐视国法之意,但他说的话本身没错。法治的重要特征就是有明确的可预见性,国有国法,作奸犯科,自应依法而断,不能逾越法律滥施酷刑,司法者、违法者和一般民众对于特定行为引起的法律后果,能够依法律而有所预见。宋刑统中定然没有甑中蒸死之刑,任何官吏都不能法外用刑,岂非法治的起码要求?包公既称公正廉明,更知国法如山,怎能用甑蒸人?

但我们读小说至黄二郎坐于甑中被蒸得皮开肉绽,无不称心快意,对包公处理此案的酷虐视而不见。对于书中的赞词"茶店协钱遭遭成,渡夫吓骗受非刑。包公过处风雷动,法令轰轰岂顺情",也是大点其头呢。

3

莎士比亚的名剧《威尼斯商人》为我们提供了另一例证:夏洛克是个放高利贷的犹太人,暗恨威尼斯商人安东尼奥,原因是"他是个基督徒,可是尤其因为他是个傻子,借钱给人不取利钱,把咱们在威尼斯城里干放债这一行的利息都压低了"。不仅如此,"他憎恨文明神圣的民族,甚至在商人会集的地方当众辱骂我,辱骂我的交易,辱骂我辛辛苦苦赚下来的钱,说那些都是盘剥得来的腌臜钱"。在个人仇、民族恨的驱使下,夏洛克决心"有一天抓住他的把柄,一定要痛痛快快地向他报复我的深仇宿怨"。机会来了,安东尼奥为了帮朋友巴萨尼奥筹款到贝尔蒙特去见美貌的鲍西娅而向夏洛克借钱,夏洛克假装好心不要利息,但开玩笑似的要求在安东尼奥不能如约归还这笔钱时,得随夏洛克的意,在安东尼奥身上的任何部位割下整整一磅白肉作为处罚。安东尼奥自信能够如约还上这笔钱,不听巴萨尼奥的劝阻,在公证之下签了约、借了钱。不幸的是,墨菲定律起了作用——事情只要能变坏就肯定变坏,安东尼奥装满货物的商船在海中倾覆,安东尼奥无法如约还上借款,夏洛克定要依约取安东尼奥身上的一磅肉。鲍西娅女扮男装到了威尼斯法庭,假扮律师来裁处此案,差不多是以诡辩方式使夏洛克赔了夫人又折兵,不但没有实现割肉报复的愿望,反而搭进去一半财产(这还得益于安东尼奥的慈悲),接受了改信基督教和立契死后将遗产传给女婿和女儿的条件。

《威尼斯商人》让人看了未必都觉得心情舒畅。我虽不愿看到安东尼奥被割肉死掉(想想都觉得汗毛直立、脊背发凉),但夏洛克输得这么惨却缘自鲍西娅的诡计,安东尼奥一方赢得并不光明磊落,毕竟契约是安东尼奥自己签下的,使这一契约实质上无效也就罢了,借机惩罚这个放高利贷的犹太老头儿就有点过头。这个剧作里反犹主义色调让人看了实在有些不安。梁实秋云:"我从来没有由夏洛克的失败而感到高兴,我从来没有因安东尼奥的胜利或白珊尼欧的婚姻而感觉有趣。我一向觉得这剧本是含着严重的意味,绝不仅仅是一出以夏洛克作牺牲的滑稽喜剧。"

夏洛克在剧中坚决要取安东尼奥身上的肉,着实可恶,但他谈到不肯通融的原因,有一段台词可圈可点,这段话是以控诉的口吻说出的:"他曾经羞辱过我,夺去我几十万块钱的生意,讥笑着我的亏蚀,挖苦着我的盈余,侮蔑我的民族,破坏我的买卖,离间我的朋友,煽动我的仇敌;他的理由是什么?只因为我是一个犹太人。难道犹太人没有眼睛吗?难道犹太人没有五官四肢、没有知觉、没有感情、没有血气吗?他不是吃着同样的食物,同样的武器可以伤害他,同样的医药可以疗治他,冬天同样会冷,夏天同样会热,就像一个基督徒一样吗?你们要是用刀剑刺我们,我们不是也会出血的吗?你们要是搔我们的痒,我们不是也会笑起来的吗?你们要是用毒药谋害我们,我们不是也会死的吗?要是你们欺侮了我们,我们难道不会复仇吗?要是在别的地方我们都跟你们一样,在这一点上也是彼此相同的。"这段话清楚表明,本案与其说是夏洛克个人对安东尼奥的私仇,还不如说是一种民族的仇恨,这使夏洛克个人的复仇行为绝非没有任何值得同情之处,同样,他的惨败也不是没有任何值得怜悯的地方。

夏洛克这段话,说出了一种基于人性而不是民族的平等的观点,其实是有道理的。梁实秋曾言:"我以为《威尼斯商人》之最动人处在于描写犹太人之被压迫。犹太民族之被压迫是有久远历史的,因宗教的关系而受基督徒的迫害,因受迫害而不敢置产以防没收,因不敢置产故只得收集巨额现金,因有巨额现金故往往以放债为业,因以放债为业故不得不取重利,所以我们才有夏洛克这样一个角色。我并不是说莎士比亚有意要在此剧中为被压迫民族吐气,我只是说在此剧中莎士比亚描写了犹太人被压迫的事实。夏洛克并不是怎样完好无缺的人,但他是一个血肉做的人,他值得我们同情。"

但是,习惯于把剧中人物分为好人与坏人的我们,会自动选择立场,站在夏洛克的对立面,我们愿意认同夏洛克咬牙切齿说出的这番话中的道理吗?

4

俗语云:"小偷也有三分理。"即使做坏事的人也会提出理由为自己做坏事辩解,大多是狡辩。这种现象可以在心理学找到根据:一个人做了为社会所不容的事,做了伤天害理的事,难免心理失去平衡,良心(如果还有的话)感受不安,为了使心理重归平衡,内心获得安宁,便将自己的行为正当化——进行合理化解释。坏人振振有词,许多的"理"就是这么来的。

不过,坏人说出来的话,并非全无道理。更何况,人们有时还会像寓言中"疑人偷斧"一样,在一段时间里把好人误以为"坏人"。即使真是坏人,他说的话,也未必都是为自己的不义行为打掩护。要分辨出坏人说的话,哪些有理,哪些无理,需要祛除偏见,需要有足够好的辨别力(如对黄二郎的话),也需要达到一定的文明素养(如对夏洛克的话)。

我们虽然都知道"兼听则明"的道理,但又常常为身份符号所累,习惯于把人分类,依其身份决定我们的立场。譬如在辩论中,由于我们事先选定了立场,即使对方说得有道理,我们也往往倾向拒绝倾听、拒绝思考、拒绝承认。在日常社会中,这不过使我们的判断存有偏差,贻害不一定很大;但在刑事司法中,由于身份符号特别鲜明,面对被审讯的"坏人",拒绝认真倾听他的辩解、他主张自身权利的意见,会使诉讼的天平倾斜,使公道得不到实现,祸害就往往大得让人难以消化了。

对待坏人说的话,不应用偏见的树叶遮挡了是非判断,应当耐心、细心地倾听和分析,不应让沸腾的蠢血搅乱了理性,这是司法者的客观义务。要履行好这一义务,需要把那些"坏人"当做正常的"人"——有眼睛、有五官四肢、有知觉、有感情、有血气,吃着同样的食物,可以受到同样武器的伤害,可以用同样的医药疗治、冬天同样会冷、夏天同样会热、用刀剑刺也会出血、搔痒会笑起来、用毒药谋害会死的"人"。

如你如我一样的人。

窦娥来信

敬启者：

　　小女窦娥，小字端云，长安京兆人氏。元人关汉卿编成《窦娥冤》一剧，写的就是奴家的故事。那剧里有我窦娥的一段唱词，是"剧眼"，道是："天地也！只合把清浊分辨，可怎生糊突了盗跖、颜渊……地也，你不分好歹何为地？天也，你错勘贤愚枉作天！"此剧意义甚明，世人咸谓：该剧乃是借我窦娥冤案，对元代吏治和险恶世道展开抨击。小女子也认为，此剧对于元代横暴的政治和司法状况的揭露和对滥官污吏的谴责直截了当，寓意明显，并无隐晦曲折之处也。

　　近年来常有世人谈起我窦娥，让我啼笑皆非，如有学者著书《辛普森比窦娥还冤吗》，想那辛普森无罪释放，全身而退，吾却身首异处，辛普森怎会比俺窦娥还冤，这不是糊涂话是什么？近又闻有学者标新立异，称我窦娥不冤，这真大出吾之意外。北京大学教授朱苏力有《窦娥的悲剧》一大雄文，便持这一观点。小女子找来一读，词章华美，沁人心脾，本欲喜爱；不过，文中观点，小女子读了，实在不服，不得不表白一番，未知可否？

　　苏力教授文中称"窦娥的悲剧与'无心正法'的'滥官污吏'其实关系不大"。那理由之一是："从剧中情节来看，窦娥之冤与官吏的贪污无关。……戏剧中也没有任何证据表明甚或细节暗示，窦娥之冤被判死罪是因为桃杌收受了张驴儿的钱财。"小女子认为，这话说得固然不错,但我窦娥之冤与官吏的贪污无关,却不能说与贪污的官吏无关。你看那桃杌办案遵奉两大信条:一是贪污,桃杌自谓:"告状来的要金银","但来告状的,就是我的衣食父母"。二是刑讯,桃杌的经验是"人是苦虫,不打不招"。案件落到此等贪钱、滥刑之人手上,不必问结果已知我窦娥凶多吉少,怎能说与"滥官污吏"关系不大?

苏力教授还说:"窦娥之冤也很难归结为官吏昏庸无能的产物。"在苏力教授看来,"桃杌确实能耐不大,未能明察秋毫。但是由于制度的限制,由于天才人物的罕见,像包龙图这样有特殊才智的官吏是可遇不可求的。"噫,那桃杌岂止是"能耐不大",他不问情由滥施刑讯、草菅人命,岂非罪过?窦娥一案,并非包龙图在世才能问个清楚、查个明白,我窦娥在被刑求时就曾提出一个足以构成"合理怀疑"的问题,那就是"我这小妇人毒药来从何处也"。毒药的来源是此案的一个罅隙,追寻此案的毒药来源,案件不难揭破。尽管桃杌审案时赛卢医已经逃之夭夭,但是莫说赛卢医不是绝对不能寻访缉拿得到,就是访拿不到,毒杀案发生前夕本地生药铺医生忽然失踪不见,这本身不就启人疑窦,令人怀疑赛卢医与此案有关?赛卢医未到案,怎就将我窦娥与婆婆苦打,将我问成死罪?此案并不需要包拯、况钟之类"天才人物"就能查明,只要智力正常、祛除预断,顺藤摸瓜,案情大白非难事也。

小女子也不同意苏力教授"像包龙图这样有特殊才智的官吏是可遇不可求"的说法。实际上,除了夜理阴间官司这类无稽之谈之外,包龙图审理案件并没有多少神异之处,包公案许多并非真是包龙图所办,而是许多他人办理的案件汇编到他头上,包龙图其实是许多个"包青天"汇集起来的人物,像包龙图这样的官吏并非可遇不可求也。

苏力教授还说,"仅就证据而言",即使是"作者心中的理想人物"窦天章,"也会作出与桃杌相类似的判决",此案之得平反,乃得益于我窦娥冤魂的作用。事实并非如此:吾父窦天章在我冤魂出场前尚未阅读案卷,并没有接触本案证据;我窦娥诉冤,向吾父陈述事实经过和死后楚州异状,也未提及本案证据。不知苏力教授"仅就证据而言"得出的那个结论究竟由何而来?本案证据存在的问题,恰是吾父自行发现;若没有我窦娥冤魂出现,吾父仔细阅读案卷,也会发现此案蹊跷之处。此案初审若由吾父这样的官员办理,必不同桃杌可知也。

苏力教授接下来还说:"很难说,窦娥的悲剧根源是张驴儿这样的坏人。"他说:"任何社会都会有这样的坏人,会伤人害人。如果这样归咎,就很难说是一个悲剧。而且,窦娥是被桃杌处死的,尽管有张驴儿的促成。"这是一段奇语,小女子实在看不大懂。我窦娥的悲剧根源若不是张驴儿这样的坏人,那又会是谁?若张驴儿不逼婚、不下毒、不诬告,哪里会有我窦娥被控害死"公公",落得个被斩首的悲剧耶?

苏力教授的文章常常别出心裁,读来赏心悦目,《窦娥的悲剧》一文,观点就很新异。在这篇文章里,苏力教授为桃杌辩护,为张驴儿辩护,为封建统治辩护,认为窦娥的悲剧不可避免,一口咬定窦娥对自己的悲剧要承担责任——谁让我自己承认有罪乎!呜呼!话说到这里,我还有啥好说的耶?

小女子想起柏杨先生说过的一句话:"一旦出了事,血肉横飞,官盖云集,开会如仪,号叫着要追查责任,结果查来查去,除了死人有责任外,谁都没责任。"我窦娥的悲剧,本来冤有头债有主,不料到了21世纪,专家教授撰文著书,研究来研究去,谁都没责任,只有我窦娥有责任。小女子学识浅陋,实在难解此中奥妙。

冤哉枉也,古而怪之。请各位读者老爷做主!

窦娥　叩首

中西"钉子户"考异

一个国家或者地区在法治成长的过程中总有些标志性事件或者案例(这类案例被称为主导性案例,即 leading cases),德国波茨坦郊外发生的"磨坊事件"就是法治的标志性事件。

这是我国法律人已经熟悉的事件:柏林市西南 27 公里外波茨坦的一处密林里有座"无忧宫"——桑苏西宫,是腓特烈大帝仿照法国凡尔赛宫建造的。1866 年 10 月 13 日,普鲁士大公国(德国前身)国王威廉一世驻跸此行宫。在行宫环顾,见一风车磨坊映入视野,大煞风景。国王下令将磨坊拆除。不料该磨坊属于私人财产,而且是祖上传下来的,磨坊主不肯拆,即使国王出高价也不肯卖。威廉一世恼了,派人强行拆除该磨坊。此后便有两种说法:一是磨坊主扬言如果国王强拆磨坊,就到法院告国王;威廉一世闻讯转怒为喜,认为人民如此信赖法律,乃普鲁士之幸,磨坊当然得以保全。二是国王的御林军将磨坊拆除,磨坊主向柏林最高法院起诉国王利用权力擅拆民房,要求赔偿一切损失,法庭的 3 名法官根据当时的《宪法》第 79 条第 6 款判决国王败诉,在原址立即重建一座同样大小的磨坊,并赔偿磨坊主诉讼费以及其他损失 150 元。威廉一世居然按照法院的判决一一执行。至今,这座磨坊仍然矗立在桑苏西宫围墙外,成为德国法治的象征与见证。

德国磨坊事件有五奇:国王要拆除磨坊主的房子,磨坊主居然向国王说不,此一奇也;国王敬酒不成,要灌以罚酒,派人强行拆磨坊,磨坊主竟要到法院起诉国王,人民如此信赖法律,此二奇也;法律比国王还大,法院居然严格按照法律判决国王败诉,此三奇也;国王对于人民信赖法律和法院不但不以为忤,反而感到欣慰,此四奇也;德国人把一座磨坊当做法治的象征保留至今并大有继续保留下去的意思,此五奇也。

说奇也不奇,普鲁士国王威廉一世并没有中国古代皇帝那么大的权力,由此事件看得清清楚楚,明明白白。想我中华帝国,"普天之下,莫非王土;四海之滨,莫非王臣",连臣民的身家性命都是皇帝的,遑论其磨坊?皇帝言出法随,只有皇帝把法律玩于股掌之上,哪有法律骑在皇帝头上的道理?!相比之下,普鲁士国王活得真是窝囊。对于德国磨坊事件的时代背景,余定宇在《寻找法律的印记》一书中隆重介绍道:"早在两三百年前,德国就已经悄悄地取得了两项在世界上遥遥领先的文明成就:一是教育;二是立法。当时的德国,教师已是最受尊重、收入最高的职业。更重要的是,当时的德国,已有了宪法、刑法、民法、劳工法、行政诉讼法等一系列完备的法律,已形成了一种'法律权威至高无上,连国王也不能违反'的法治传统。"在这个伟大的传统之下,磨坊事件发生在德国,就没有什么可奇怪的了。

我国法治初创时期,也有不少社会瞩目的法治事件,轰动一时。有的虽时过境迁,仍耐人寻味。重庆的一起房屋拆迁事件,就是这样一个事件,事件的尘埃未落之时,其影响遍及全国,甚至惊动半岛电视台都跑过来采访;现在朝花夕拾,其对于中国法治的意义仍然有思考的空间。

在上上下下强调司法权威的今天,我们不妨回眸一下该事件:重庆市杨家坪鹤兴路17号一栋面积219平方米砖混结构的小楼,建于1944年,原来是木质结构,一底一楼,杨武从父母那里继承下来。1983年,杨武与吴苹结婚,居住在这里,开起酒楼做起生意。2004年8月31日,传出拆迁消息,2005年公布拆迁补偿计划,到2005年年底,拆迁户陆续离开鹤兴路,281户只剩下了七八户。到2006年9月,这个拆迁片区,只剩杨武一家。杨武与开发商智润公司迟迟不能达成补偿协议,智润公司向房管局提出行政裁决申请。2007年1月11日,房管局作出裁决:要求杨武限期搬迁,但裁决书并没有得到执行。此案成讼,2007年3月19日,九龙坡区人民法院宣布"强制拆迁"。接下来的故事变得精彩火爆:杨武将国旗插于房顶,在一面墙上拉出白布横幅,上书"公民的合法私有财产不受侵犯"。为了阻止拆迁,一张折叠床、一瓶液化气、几样炊具被杨武拉进房里,他驻扎在家,扬言谁要拆他的房子就点燃液化气罐誓死抗争。吴苹、杨武展现一文一武两种角色。吴苹成为自己一家的发言人,鲜明表达自己的维权立场。这个事件最终以地方政府出面解决,使杨武一家得到满意补偿,自行搬离告终,极具戏剧意义的、因周围被挖空而显得高耸孤绝的小楼,被拆得没有了踪影。

重庆"钉子户"事件让人联想起德国的磨坊事件,我想它本来也有希望成为中国法治进程中的一个标志性事件。不过,虽然同样是维护私有财产权益,但它与德国的磨坊事件比还是有些不同,这使它注定不能成为中国法治有象征意义的事件。

德国的磨坊主并不想用磨坊来换取可观的补偿,对于祖上传下来的房产,他只有一根筋的想法:掌握在自己手里,决不失去;杨武一家并不眷恋自己祖传的房产,争的不过是拆迁补偿是否足够合理。按照普鲁士当时的法律,似乎也没有可以强行拆除磨坊的依据;中国现行的法律则不然,私人的房产可以"公共利益"为理由加以强拆,只要补偿合理,国家权力以维护公共利益为由介入拆迁具有正当性。至于补偿是否合理,显然不由拆迁户说了算。因此,杨武一家很难像德国磨坊主一样维权。吴苹像德国磨坊主一样想到法律和法院,成为拆迁户后,几乎读遍所有有关拆迁的法律条文,加上自修了很多年法律,对相关法律颇为熟稔,她也曾在法庭陈告,法庭也作出了裁决。但法庭的裁决显然是不受尊重与信任的,不仅当事人没有给予它尊重,社会舆论也没有对它表达信任。事实证明,杨家小楼成为我国法治进程中司法权威的负面象征,尽管同时也是个人维护私有财产权利的正面象征。

你敢拆我的磨坊,我到法院告你!这是德国磨坊主的豪语。

你敢拆我的房子,我用煤气罐炸你!这是中国拆迁户的宣言。

中西"钉子户"最大的不同,就在这里。

基督山伯爵怎样复仇

以复仇为题材的文艺作品不少。看多了中国武侠小说和影视作品,习惯于这样的情节:亲人被有权势、有武力的恶人残害致死,家中唯一的幸存者在坟前痛不欲生,发誓报仇,拭泪后隐藏到名山深处,拜一位隐居山林的武林高手(往往是个苍颜白发的耄者)为师,练就一项或几项名称古怪、莫名其妙的武功,积年有成,下山寻仇,经过一场眼花缭乱、有惊无险的恶斗,一刀结果了仇家性命,天下重新归于澄明。

观赏这类作品,最大好处是给自己平添许多不切实际的幻想。看到恶人被复仇者手刃,一命呜呼,真可以一浇心中块垒,吐出胸中许多恶气。让人高兴的是,尽管主人公大开杀戒,轻则一死,重则群亡,法律却从不现身,不显灵,正义的杀人者从来不受法律追究,天下事全凭武功决定,真是天不拘地不管,要怎样就怎样,喜欢谁就是谁。这类作品看得多了,遇到委屈之事,幻想有朝一日自己也能习得一身好武艺,逢怨报怨,遇仇杀仇,来他个痛快淋漓,重新布置这世界的秩序。几乎没有人意识到,这种幻想之下,法治观念也就消散得无影无踪了。

最近重温法国电影《基督山伯爵》(又译《基督山恩仇记》),对基督山伯爵的复仇方式发生了一点兴趣。基督山伯爵本名埃德蒙·邓蒂斯(Edmund Dantes),本是一名船上的大副。他被人陷害,在举行婚礼那天遭到逮捕,被判处无期徒刑关进伊夫堡监狱

(the island fortress of Chateau d'If)。14年的牢狱生活在戏剧性越狱之后终于结束,在基督山岛上,他获得大笔财宝,改名"基督山伯爵",开始了复仇和报恩的计划。当年陷害他的仇人有3个——与他同在法老号船上工作的水手卡德鲁斯、他的未婚妻梅色苔丝的表哥菲尔南(与他有夺妻之恨)、检察官维尔福。他的复仇方式很迂回,先是展开调查,弄清楚仇人是谁,还冒险到卡德鲁斯开的杀人越货的小客栈去投宿,送给贪婪的卡德鲁斯一颗钻石,诱使他说出黑幕。他将维尔福遗弃的私生子带到宅邸,收留他,培养他上等人的举止,以便有朝一日揭穿道貌岸然的检察官维尔福的伪善。在这个私生子出于自卫杀死卡德鲁斯后的法庭审判中,基督山伯爵以证人身份当庭揭露维尔福犯下的罪恶,使他面对自己遗弃的儿子像泄气皮球一样瘫坐在公诉席上,从此身败名裂。基督山伯爵了解到菲尔南背叛并杀害恩主,把城堡让给敌人并把恩主的妻子、女儿卖得40万法郎,他先是将这消息透露给报社,又在议院调查委员会听证中安排被害人作证,当场揭露已经当上议员、成了伯爵的菲尔南过去犯下的罪行,使他名誉扫地。

在复仇过程中,虽然基督山伯爵在被迫情况下偶尔也借助于武力,例如在小客栈为了自卫而与卡德鲁斯搏斗,以及在菲尔南挑起的决斗中战胜对方(决斗前基督山伯爵已经达到复仇目的),但武力起到的只是辅助作用,他的复仇,依靠的是智力头脑,并且主要"在宪法和法律的范围内活动",看下来当然感到"很主旋律"。

可想而知,要是基督山伯爵的故事发生在中国,复仇的过程会大不一样:中国的复仇者将会得到一本武林秘籍而不是大量财宝,他见到仇人不会慢条斯理以谋略一步步实施不触犯法律的复仇计划,必然是经过一阵惊心动魄而又显得有点白痴式的武艺比拼,厮杀后手戮仇敌,仇敌倒下,法制意识也跟着消亡。

尽管武侠题材的文艺作品都以惩恶扬善为自己的意识形态,但与《基督山伯爵》之类作品相比,显然不利于民众法治精神的培养。梁厚甫先生曾经谈到,小说与影视剧,可以成为民众的精神食粮,以及法治观念的主要源泉。例如美国的发展得力于法律观念能深入人心,而美国人的法治观念之所以根深蒂固,得力于美国的文艺作品,特别是侦探小说与法律小说。他特别提到,法律小说否定个人对个人的报仇行为,要报仇只能向执法官提供证据,要认定某人有罪,先要证据在手,没有证据,不能入人于罪,"执法界的最大英雄,是具有找证据的天才,而不一定是孔武有力,也不一定是神枪手"。梁厚甫感叹:"中国文化有着根深蒂固的反法制的传统,其文学亦然。""在中国,法律小说不一定是畅销书,反法律的小说,都成为畅销书。"强调"任侠"观念的武侠作品,都是乱世的产品,为法治的社会所不能容许的。对比之下,可以看见,"外国'任侠'的观念,仅是昙花一现,故外国步入法治社会,比较容易。中国'任侠'的观念比较普遍,比较深入人心,因而中国进行法治,便遇到困难"。

在法治初创时期,不能不注意社会法治土壤的培育。当读到一则又一则以暴力或者其他破坏法制的方式解决问题的新闻时,想想我们整天耳濡目染和喜闻乐见的都是些什么东西,真有恍然大悟之感。

从佩里·梅森想到律师怎么赚钱

电视台直播中:主持人斯蒂夫·卡尔与嘉宾谈兴正欢,事先安排好的一幕上演了——卡尔的朋友、电影导演罗伯特·麦凯从侧面帷幕间走进画面,掏出一把枪,卡尔站起身,刚说了句话,枪响了,卡尔中弹,倒地。这一切都发生在摄像机面前,42万电视观众看到这惊人一幕。罗伯特迅即离开现场,到餐厅轻松就餐,按照约定,卡尔随后会来到餐厅公开说明这不过是个玩笑,枪里装的是空包弹。他等了一会儿,发现气氛有点异样。随后得知卡尔不会来了,他被枪里的实弹击中,送往医院不治身亡。罗伯特要离开餐厅的时候,赶过来的警探将他逮捕……随后佩里·梅森登场,他接受聘请为罗伯特辩护,像他办过的其他案件一样,经过庭外调查,以及法庭上的询问、诘问,将案件真相揭示出来,解救了身陷司法困局的无辜者。

佩里·梅森是美国推理小说家加德纳塑造的著名律师形象,在美国家喻户晓。虽然他是律师,却几乎是一种特别的"侦探"类型。作者也依此创造了一种推理小说类型,使佩里·梅森成为美国律师的偶像。

我在读高中时耽读推理作品,获得许多精神上的愉悦。那时看过一本佩里·梅森的推理小说,不过,由于正沉迷于赫克尔·波洛和艾勒里·奎恩的侦探故事,对佩里·梅森的兴趣不大,到现在,只记得在法庭审判中他将案件真正的罪犯揭露出来,一桩可能的错案被成功化解,案件的具体内容却早已忘到爪哇国了。

时隔多年,重看佩里·梅森的推理小说,才意识到:佩里·梅森是一种特定诉讼文化的产物,在这种诉讼中,法律规范下的对抗受到鼓励,被认为是保障个人自由不受国家权力恣意侵犯的重要手段,也是"发现真理"的有效方法。公诉和辩护方都向法院提出各自了解的事实,"当富有探索进取精神的诉讼双方面对面直接交锋时,真理就愈有可能被发现"。佩里·梅森办案,靠的是对抗制诉讼提供的充裕空间,依证据、事实和缜密的推理以及法庭技巧,创造出一个又一个法庭奇迹。

读佩里·梅森的时候,想到一个庸俗问题:佩里·梅森代理一起案件收费多少?

想到这个问题,是因为我曾以为刑事辩护律师收费不高,收益有限,后来发现也不尽然。记得与一名外国律师聊起中国律师更愿意代理民商经济案件而不是刑事案件,前者获得的报酬要高得多。这位律师说:在敝国也是如此,但律师还是愿意接受刑事案件,因为刑事案件往往是社会广泛关注的案件,办理这样的案件更容易出名。律师一旦成名,财富也就容易肥猪拱门似的找上门来。不过,近来我忽然发现,某些"北京律师"(当然不是全部啦)的服务费贵得惊人,以某案为例,这位律师与被告人家属签订的辩护费达30万元,犹嫌不足,又追加50万元,后来又加码70万元,前后高达150万元。刑事案件,收费这么高,让我大开眼界,本以为辩护费不高,却原来在某些"北京律师"那里决非如此!

接下来便有一个疑窦产生:律师究竟靠什么赚大钱?

律师提供的法律服务当然不会像擦鞋、修脚那样便宜,但律师究竟收费多少才算合理,也不应漫无涯际。哈佛大学法学院教授、著名律师德肖维茨曾为辩护律师的高报酬"辩护"："金钱能够买到更详尽的研究(作者指的是'调查')：研究可以挖掘出事实，而事实可以改变陪审团。……法庭上高酬劳律师的种种技巧，比起他们的调查能力以及相关资源来讲显得较不重要：'律师三寸不烂之舌的重要性可能被高估了；律师传到陪审团面前作证的证人才是主要负责说服工作的人。因此律师最重要的角色在于建构出一套坚实的案件事实。'"有人愿意花大价钱请最好的律师，就像有钱的人花大价钱请最好的医生一样，没啥不合理。不过，德肖维茨提到的高报酬的律师，本领在挖掘出事实的能力。

但某些"北京律师"并非像佩里·梅森一样在收集证据、判断事实、运用法律上有过人之处，要是仅仅如此，恐怕就没有那么高的收入了。事实上这些律师虽然经手的不乏大案要案，但像佩里·梅森那样能够凭证据、事实打赢官司的记录却几乎没有，他们的功夫不在官司本身，而在与官司有关的"关系"。当事人及其亲属肯花大笔银子聘请这些律师，不是因为这些律师的口才、判断力和收集证据的能力，看重的是他们若有若无或者明示暗示的"通天本领"。

一位中年外地律师近日转到北京执业，他慨乎其言："北京律师所在外地设分所，一定火；反过来，外地律师所在北京设分所，就死定了。"何以如此？"北京律师"给人许多想象空间，具有很值钱的符号作用，在北京执业的律师中很多人都是从外地转到北京执业的，到北京也就成了"北京律师"，有了狮子大开口的先决条件。尽管各地都有一些有"关系"的收费很高的律师，像电视剧《蜗居》里那位沈大律师一样要风得风，要雨得雨，靠的不是法律素养和业务能力，而是与权力结下的互利关系。"北京律师"的品牌作用在于这种权力的层级被渲染得要高得多。

要是我们的律师都像佩里·梅森那样,收费高昂也算合情合理,大家也认了;要是律师大赚其钱靠的尽是"关系",高昂的收费怎会让人(包括律师同行)服气,律师又怎会真正得到社会尊敬?

司法纳粹化及其反对者

尽管电影《行动目标希特勒》中最终的刺杀结局并无悬念（与《豺狼的日子》类似，观众早知道刺杀并未成功），但观众坐在影院里，出于对刺杀者命运的担心，仍会感到紧张连连，影片除了希特勒并没有死亡这一点外，充满悬念，张力十足。

汤姆·克鲁斯扮演的史陶芬伯格在战争中失去了一只眼睛和一只手，但他却几乎成功刺杀了希特勒。1944年7月10日，他将炸弹放在公文包里置于希特勒会议桌下迅速离开，炸弹如期爆炸，离奇的是，希特勒只受了一点轻伤。爆炸事件按计划实施，可惜弗利德利·欧布利特将军一定要确认希特勒已死才肯启动"瓦尔基里"行动，白白浪费了3个小时的宝贵时间，最终使这场改变德国的刺杀行动功亏一篑。随后，包括史陶芬伯格、欧布利特将军在内的一百多人被逮捕和处决。

《行动目标希特勒》是美国和德国的3家影片公司联合拍摄的影片，此前，德国曾拍摄过由塞巴斯蒂安·科克主演的同一题材影片《史陶芬伯格》（两部影片的某些细节几乎完全相同，也有些相异）。事隔几十年，人们没有忘记在极权主义的纳粹德国，曾经有一群人，试图改变历史，虽然失败，但不失为英雄。

这场载入史册的刺杀行动，动机是除掉制造了无数灾难的战争狂人希特勒，然后与同盟国谈判以结束这场"该死的"战争。刺杀者试图向世人表明：德国有的，不止是希特勒。这是这部影片让我印象最深的台词。

在纳粹德国,的确不止有希特勒,还有许多以各种形式抵抗希特勒的人。司法界也是如此。看影片《行动目标希特勒》,令我想起最初读到纳粹德国司法的历史,看到司法界一些人对希特勒破坏法治的抵制,了解第三帝国历史细节不多的我,那时感受到的惊奇和触动。

英戈·穆勒在其所著《恐怖的法官——纳粹时期的司法》中谈道:希特勒攫取权力以后,强力取代法律。希特勒对法律怀有敌意,憎恨法学家和法院,因为他意识到法学家和法院对无法无天持反对态度。希特勒像所有极权统治者一样,在对内统治中依赖秘密警察,纳粹德国的秘密警察称为盖世太保(gestapo)。当时的德国成了名副其实的"警察国家",普遍设立政治秘密警察,取缔公民的一切自由,它的惩罚机关经常对国内持不同政见者作出随心所欲的裁决。由于给予警察随便控告"国家的敌人"的权力,司法机关从上到下都被捆住了手脚。不论在什么地方,任何一个人的行为,或他的身份(种族、宗教),只要有一点政治牵连——从最广泛的可能的意义上说,秘密警察都会实施可怕的恐怖手段。在严刑拷打下逼得情愿招供,而辩护人在法庭面前是无权否认口供的。不经审讯和判决;成千上万、千千万万的人被投入集中营,在那里他们得不到法院的接触和保护。秘密警察是反对宣判无罪的,即使一个人在审判室被宣判无罪他们也要予以逮捕,以便无期限地拘押在集中营里,无数的人就在那里经受残暴的折磨而死去。

不过,在这种权力一体化的独裁政体下,法院的步调与希特勒的意愿并不完全一致,甚至那些专门法庭的判决也常常和希特勒的愿望不一致,于是对犹太人或波兰人的犯法行为又设置了警察

"法庭"。对叛国案,在柏林还设有"人民法庭"。这些特种法庭由毫无约束的专断权力统治着。在法院组织和刑事诉讼中,越来越多的保障措施都在"简化"的理由下被废止了。法官们被警告说,"为了一个统一政府的利益",必须对司法独立进行限制。纳粹德国在1933年以后曾经试图用可靠的国家社会主义党员充当法官,其《职业公务复职法》规定:政府可以将政治上不可靠、"非雅利安"或不愿"在任何时候全心全意拥护政府"的法官解职。不仅如此,即使"并未满足现有法律规定的条件",政府也可以解除法官的职务。

不过,与其他部门相比,司法部门的"清洗"工作相对滞后。原因是,当时的司法部长居特纳不过是名义上的纳粹党员,而且在1939年大约有2/3的在职法官都是在希特勒执政之前任命的,此外,大学里青年律师的培养方式并不完全符合纳粹的原则。居特纳是希特勒政策的反对者。当时希特勒对激进分子彻底改革司法制度的主张提供了决定性支持,"希特勒本来已经把所有的律师看作'反对他的政权的捣乱分子',这时他又开始严密注视法院的工作,并且亲自干预似乎过于宽大的判决"。居特纳显然反对这种干涉。特别不愿把业已判决的犯人移交给盖世太保或警察部门。

为了摆脱恪守司法传统的德国法官,希特勒不得不在1933年后建立起了政治警察和新型法院(即"人民法院"和所谓"特别法院"),将他(它)们完全置于纳粹党的支配之下,检察官则大部分都是狂热的国社党员。1941年居特纳逝世以后,代理司法部长施勒格贝尔竭力讨好希特勒,他训斥法院,甚至把一些执法不够严厉的法官撤职。1942年4月26日,希特勒在紧急召开的国会上发表了一篇充满仇恨的演说,他"警告法官们,如果他们在工作中表现出不理解当前的需要的话,不管他们'既得的权利',将一概予以撤职"。得到御用国会的认可后,德国的司法独立被正式废除了。国会正式宣布,元首有权"不受现行法律条文的任何约束",把他认为不称职的大小官员全部撤职。1942年8月20日,希特勒任命人民法院院长蒂拉克为司法部长,并发布了一道命令,授权蒂拉克"不受现行法律的约束",遵照他的"训令和指示","建立起国家社会主义"的司法制度。在此后的几个月里,蒂拉克设法使法官更为彻底地从属于司法部,从而促使司法部门纳粹化。

不过,自启蒙时代以来就在德国法学家中得到确立和发展,而在19世纪在学者们的引导下获得充分发展的伟大的法律传统,仍然有着很大的影响力,纳粹激进分子的行动也存在反弹:以汉斯·弗朗克为首的一批势力较差的人反对进行这种司法改革,他们得到当时德国司法部顾问胡贝尔和一些行政区司法长官的支持。这些人认为,如果平民没有法律保障,任何政治制度都不会长久稳定,甚至是一个纳粹国家也必须是一个法治国。历史学家阿诺德·托因比在《希特勒的欧洲》一书中说:"当时在波兰任总督的弗朗克也坚决抵制这次对司法独立的破坏,他为此回到德国,在6月和7月向柏林、维也纳、慕尼黑和海德堡等大学发表了一系列惊人的坦率演说,猛烈地谴责支持'警察国家的理想'而'压制德国由来已久的对法律的尊重'的行为。他因此而被免去党内所有职务以及德国法学院院长、国家社会主义律师联合会会长等职务,并被撤销了部长身份,同时被禁止再发表任何演说和出版已经发表过的演说稿。即使在纳粹德国,审判官中抵制独裁主义者被剥夺司法权的情况也不乏其人。国家保安警察和纳粹党保安处的头子卡尔登博鲁纳在报告希特勒关于采取各项压制措施的效果时,不得不承认:'这些措施遭到司法界激烈的反对。'"

看过许多描述纳粹暴行的电影,远的如法国影片《老枪》,近的如荷兰影片《黑皮书》,对纳粹德国有一个扁平印象,认为德国人在狂热的纳粹浪潮和恐怖政治的高压下,都迷失了方向,失掉了独立思考和理性判断的能力;德国军人和政府官员都残暴成性,扮演着希特勒忠实鹰犬的角色。当看到德国司法史上曾经有过的"抵抗运动",才知道历史是立体的,黑暗的一面之外有光明,光明的一面之外有黑暗。

我不知道该对德意志民族刮目相看,还是该对即使在纳粹德国也未完全泯灭的伟大的司法传统致送钦敬。我知道,打动我的是这样一个史实,正如史陶芬伯格说过的:"在德国,不止有希特勒。"

我不会轻易忘记听到这句话时,坐在幽暗的影厅,一直到灯光全部亮起,仍然挥之不去的、内心流淌过的感动。

卷二　volume 2

建在流沙上的塔

司法公信力之缺乏,仿佛近几年才被惊觉。

当司法机关新起了大楼、改换了服装、掂起了法槌,当那些表明司法权威的符号一应俱全之后,一些在舆论的漩涡中打转的案件,却让我们清楚看到了司法"软实力"的不足。司法机关面临的尴尬是:一遇到社会广泛关注的司法案件,立即会有成千上万双眼睛将怀疑的眼光投射到司法上。司法机关对案件的处理,招致的常常是质疑与声讨,那些质疑与声讨表达的是这样一种意见:不相信司法裁决背后没有偏袒、不相信司法机关认定的事实合法合理、不相信司法能够给社会一个公道……总而言之,不相信!

如果我们进一步探寻,不难发现:这种不信任,并不是随几桩引起社会瞩目的案件而来的,它早就悄然存在,成为社会的一种潜流;人们对司法的普遍疑虑,是长期以来司法没有建立起应有的公信力或者公信力流失的结果。这种怀疑,日常性腐蚀着我国法治的基础,并不是随案件偶然泄露"春光"而突然爆发的一种民意反应。

既然如此,就需追问司法公信力何以匮乏。无论给出怎样的答案,恐怕不能将其单纯归咎于草民百姓对司法不了解乃至误解,还是应从司法自身查找原因。

司法的公信力是与法律的权威相一致的,当法律是橡皮泥任人揉搓的时候,司法就成了民众眼中的"银样蜡枪头"。法律要有权威,就应当是良法,法之不良,会制造出破坏、抗制的力量,以秦之苛法治世,得到的是反抗的力量对这种法制的摧毁。有了良法之后,需要官与民共信共守,这就要求官与民都在法律的治理下。破坏法制者,若为无权势之小民,送官追究,法制可获保全;若为威福之大人,无法究治,法制便遭摧折。在官大过法的状态下,法律的权威就不复存在。法律没有了权威,以职司法律为己任的司法机关,当然也就没有权威,民众对司法的轻蔑就随之增长。

当年,德国磨坊主拒绝拆迁并声言倘若皇帝强拆就诉诸法院,据说威廉一世闻之大喜,曰:"吾国民如此信赖法律!"这里的"法律"可以用"法院"以及其他司法机构来替代而意思不变,当法律的权威高过任何一个人的时候,民众自然将公道寄希望于司法机构而不是某位官场人物。因此,我国法治初创期,国家和社会治理方式由人治、人法共治转向法治,在这个过程中应当首重法律的权威,而不是人的权威。

法律权威,要通过严格遵守和落实法律来树立,司法权威也是如此。谈到司法权威,许多人误以为专横就是权威,误以为"一锤定音,不容辩驳"就是权威,案件错了不纠正就有威信。其实,司法能够给社会带来的利益不是创造财富,而是主持公道,没有了公道,就只有专断而不会有心悦诚服的尊敬,也就没有了司法权威。

司法不可欺民,要维护法律与司法的权威,司法能做到、应做到的,是示民以信,此商鞅移木赠金之故智,司法者不可不知。司法要示民以信,自己先要尊重法律的权威。司法机关担负执行法律之责,严格遵循法律,才能对社会产生好的示范作用,并赢得社会的普遍尊重。民众对司法之疑虑,每因对司法机关自身能否恪守法律有所疑虑,这一疑虑之消除,依靠的是司法机关切实做到以法律为圭臬。司法为法立信,法律权威得以维护,司法公信力也便因此而起。孔子《礼记·礼运·大同篇》云:"大道之行也,天下为公,选贤与能,讲信修睦。"这里的"讲信修睦"意思是讲究信用,谋求和睦,本来是就对外关系而言的,但也不妨用于内政,现代社会的安定和睦,需要政府部门以自己的行为确立起国家诚信,司法机关遵守并落实法律,就是为国家确立信用。

有了良法,还需择良人以司法。在法治成熟国家,民众对法律的信心与司法官深得民众信赖有密切联系。有学者言:英国司法享有盛誉,被认为是公正、安定与尊严,致此之由主要有三:人民教育程度高,有优良的民主法治的风度修养与习惯;法院能严格遵守司法程序与规则,使司法尊严得以维持;法官和律师的素质高,品德良,能力强,独立公正,人格完整,使司法制度步入良好轨道,受到社会的高度崇敬。一位英国爵士意味深长地说:"英国刑事司法因各界民众对英国法官的完美无瑕——他们完全不受来自官方的压力和腐败的影响——深予信赖而得到广泛拥护和尊重。"这里所言,就是司法者的素质与社会公信力的关系。

总之,司法权威,如果没有社会的尊重与信赖托住,就是建在流沙上的塔,置于风中的蜡烛。媒体造势、网络宣传,并不能唤起民众对司法的信赖,司法要取信于民,靠的是一桩桩、一件件案件还人以公道,才能集腋成信任之裘,滴水穿怀疑之石,这个过程一定是不显眼的、缓慢的。要晓得,司法的公信力的唤回,就像它的流失一样,都不会是一蹴而就的。

特别是,司法公信力不是"秀"出来的,也与标语口号无关。

街头看法治

伫立在十字街口,看闯过红灯匆匆而去的身影,想起"法商"一词。

红绿灯在此间,步行和骑自行车、三轮车的朋友眼里只有参考价值,红灯亮时,仍有人勇往直前,不一定是急事催的,只是不耐烦等。我想:如果国人都能遵行"红灯停,绿灯行"的简单法则,大概"法商"就都算不错了。一个国家民众的守法意识如何,从十字街头一望便知。

换一个场景,比如香港、伦敦、温哥华或者任何一个法治成熟社会的城市,同样这群人,无须几天就都学会遵守交通规则。你说"法商"是先天的,还是后天的?莫非"法商"本在他们心中,一遇到欧风美雨就被激活了?

环境塑造人,我想。不要责怪我们社会上三教九流五行八作的人"法商"低,培养"法商"幼苗的土壤环境是否准备好了呢?想当年,商鞅以移木赠金的方式为法律立信,就是以"不著一字"的方式增进民众的"法商",何等聪明。试想想,法无公信,司法亦无公信,"法商"何由而生?

这里提到的"法商",指有法律信仰和遵行法律的意识。培育法律信仰和遵行法律的意识固然可以通过有意识的法制宣传来实现,但更重要的是通过法律的实际运作加以实现。在法律的实际运作中,公安、司法机关及其人员的职务活动,对树立法律的威信和培养人们的守法意识有着潜移默化的影响,这种示范行为具有的塑造社会风气的功能,比专门的宣教更具实效。如果执法者都不能严格依法办事从而实践法律对公众的允诺,公众就会得到反面的教习,养成轻视法律、蔑视国家司法权威的习惯。正如美国法官路易斯·布兰代斯所言:"犯罪有传染性。如果政府成了违法者,它也会传播蔑视法律的种子。"在这种情况下,人们遵纪守法的"法商"还会高吗?

还需要指出,"法商"可不意味着就是规规矩矩遵纪守法做个顺民的意识,对公民的法制教育也不应限于教育其自觉遵守法律、积极同犯罪行为作斗争,还应当包括教育其充分了解公民的各种权利,培养其自觉运用法律维护自身和他人自由的意识。阿克顿云:"自由的理念是最宝贵的价值理想——它是人类社会生活中至高无上的法律。""最重要的是怎样才能教育人们去追求自由,去理解自由,去获得自由。"知自由之可贵者,学会以法律为武器维护自由,不也是"法商"应有的内容吗?

民主、自由、人权和法治观念本来不可分,这些观念不得普及,就没有现代"法商"。现代法治的精神在于自由,期望有现代的法治,须先有自由观念的人。当一般民众睡眼朦胧,不知现代法治的真谛以及与申韩式法治的区别,指望法治能够实现于朝夕之间,指望自由能苟全于强权之下,无异于痴人说梦。

有一定的法律知识必然是"法商"高低的指标之一(但不是唯一的指标)。表面看起来,法律知识越多,"法商"就越高,这种说法错不到哪里去。"法商"高的人堆儿里是含有一定的法律素养在里面的人的。不过,法律知识少,"法商"不一定低,因为构成法商的除了法律知识还有其他要素;如果没有守法意识和自由精神,法律知识再多,也不能说是一个现代法治社会期待的人吧?

剧场里的"微观法治"

美国耶鲁大学迈克尔·瑞斯曼著有一本有趣的书,中译本的书名为《看不见的法律》,作者自称这本书是他"历时将近二十年的心血结晶"。该书之所以有趣,是因为这位法学家严肃、认真地研究人们日常的观看、注视、怒视、排队、插队和各式各样谈话中的隐形规则,以及违反这些规则引起的惩罚。这些日常生活中隐而不现的规则,被称为微观法律(microlaw)。瑞斯曼引用古罗马的一句格言云:"有社会的地方,就有法律。"瑞斯曼这本书中的"法律",是最广意义上的法律。

用瑞斯曼的眼光来观察,"微观法律"真是无处不在。

近来接连看了两场演出,注意到剧场里"微观法律"的存在,觉得那里"微观法治"的状况颇耐人寻味。

一次是在北京大学百年讲堂,中央芭蕾舞团演出《天鹅湖》。这是该团赴英国演出前在北京的预演,整场演出,看得出来,芭蕾舞团对这次演出很重视,演员也十分尽心。演出开始前,观众席陆续坐满了人,也有男来也有女,也有老来也有少;还有不少小孩子,活泼灵动点缀其间,期待中透着点热闹。入场后,我注意到有人已经把三脚架架上,安装上"大炮筒子",一看就是摄影爱好者中的"专业人士"。抬眼看,舞台两侧电子显示屏上写着"请不要用闪光灯拍照"。原来演出过程中是可以录像和拍照的,这有点出乎我的意料之外。广播声起,礼貌地邀请观众关掉手机或将其置于静音状态,并再次提醒各位观众在演出过程中不要使用闪光灯。两个过道,还有服务人员高举牌子,走动着提醒不要使用闪光灯,牌子上的字大而清晰。演出开始了,陆续听到前后左右偶尔发出的咔嚓声,闪光灯时时地向舞台上发出瞬时强光。到了第二幕,不得了,天鹅湖里美丽的天鹅一出现,特别是四小天鹅翩翩起舞之时,咔嚓声大作,闪光灯密集闪烁,把我的注意力切成两半,一半在台上,一半在台下。中场休息后,电子显示屏、广播和手举告示牌再次三令五申。大幕拉开前,一位中年女士从帷幕后走出来,对上半场一些观众使用闪光灯拍照的行为表达遗憾,她告诉观众说,演员踮起脚跳舞,全身重量都落在足尖,闪光灯掠过可能会造成演员受伤,她恳求观众不要再用闪光灯拍照……

"不要使用闪光灯拍照",甚至"不准拍照",是剧场里的"微观法律",这"法律"对于观众安心观赏演出是必要的,对于保护演出者的知识产权也是必要的,对于芭蕾舞演员的人身安全尤为必要。我对国人"选择性视觉"一贯佩服,那就是对于明确写出的禁止性告示可以做到视而不见。揣摩其心理,正如柏杨先生《丑陋的中国人》所批判的,柏老云:"大家都不准闯红灯,我自己也不闯。大家都不准随地吐痰,我自己就不吐一口。人人都赞同法制,我就不要求特权。既然建立了制度,我就不破坏它。可是这玩意儿一到了中国,就成了'只我例外',我反对闯红灯,只是反对别人闯,我自己却可以闯那么一闯。我反对随地吐痰,只是反对别人吐,我自己却可以想怎么吐就怎么吐。我赞成法律之前,人人平等;但我自己却不能跟别人平等。我赞成建立制度,但只希望你们遵守制度,我自己聪明才智要高明得多,不能受那种拘束。"这种心态在国人中不可谓绝无仅有,实际上它在人们潜意识里普遍存在。在北大百年讲堂观看演出的,未必有盲聋之人,目不识丁之士,看到了也听到了,却和没看到没听到一样,这一番"涵养"工夫,举世罕有其匹,不是"只我例外"信念提供的精神支柱是啥?

另一次是在北京展览馆剧场,美国百老汇演出《发胶星梦》。故事反映的是典型的美国梦。一个矮胖的姑娘参加选美终获成功的故事。歌曲美妙动听,演员唱得很好,舞台布景炫奇艳丽,歌词幽默诙谐,情节紧凑,热热闹闹,煞是好听好看。演出二十几分钟,挨着我坐的一位小姐从包里摩挲了一会儿,拿出一个"卡片相机",刚打开,身后过道一侧闪过两个人,几句悦耳英文传来:"很抱歉,不能拍照……"站在前边的是一位来自美方的女士。我身边的小姐把相机揣起来,直到演出结束,平安无事。这场演出,观众绝大多数都是年轻人,北大百年讲堂发生的光洗舞台的情况,在这里并没有发生。

咦,北京展览馆的百老汇演出怎么就没隆重上演闪光灯疯狂一幕?大概是因为对于《发胶星梦》演出之美没有足够的思想准备吧,观众也就少了游客心理,想拍照留念的冲动没有跟着手上的票一起走进剧场。不同的是,许多观众对于芭蕾舞的美是预先知道的,四小天鹅手拉手蹦蹦跳跳的样子也见过不止一次,拍几张回去自我证明曾到剧场"一游",或者夸耀于人,这心情就不难理解了。

不过,两场演出在这个问题上最大的不同,还在于有没有人及时制止。展览馆演出时也有人想要拍照,立即被赶过来的工作人员制止;北大百年讲堂闪光灯此起彼伏之时,却没有人加以阻止,于是演出场所就成了"记者"云集的新闻大厅矣!两个剧场的"微观法治"就云泥立判了。

说来有了法制之后,法治之形成,决不能光靠标语口号。违法行为就像钟摆一样,需要有人来制止。龙应台有文《"不可以"主义》,提到她到香港不久,一次逛商场后手提大包小包的斩获,在一个角落的台阶上坐下来休息,3分钟不到,管理员就出现了:对不起,这里不能坐,中庭那里有长凳,规定可以坐的地方才可以坐。有了这个经验之后,在太古广场,和几个朋友打赌,坐下来几分钟管理员会出现制止,结果是45秒。"台北人多么不一样。我曾经看见人们在'禁止烤肉'的牌子前摆出阵容浩大的烧烤家当,曾经在'请勿践踏草地'的告示下看见踩秃了的草坪,曾经在'于此丢垃圾者是猪狗'的咒语下看见成堆的垃圾,在'禁止机车'的走廊里闪避机车横行。台湾人,好像不太把'不可以'看得太严重。"特别是,"管理员好像也从来不曾存在"。这与香港恰成对比,香港人显然把"不可以"看得很严重,认真而紧张——谁说香港的法治不是以此为基础而存在的呢?

中国大陆呢?

与台湾地区一样,在许多禁令之下,"管理员好像也从来不曾存在"。

两个剧场的"微观法治"提醒大家:有了法制,还需要有人出面对违法行为摆手说"不可以"。没有制止与惩罚,"法治"就始终贴在墙上,不会自己走下来。

法律世界的"说不准学"

十多年前,与一位美国律师有过一面之交,当时晤谈甚欢。这位仁兄爱笑,笑声咕咕,像一只鸽子,给我留下很深印象。他曾在北京工作,后来去了东京。谈到受理案件,大摇其头,谓:"我在东方社会,发现法律规定是一回事,实际司法是另一回事,云里雾里,难以预料。即使法治成熟如日本者,也有这种感觉,与欧美世界大有不同。"那时我那心底里的民族主义还没有恶化到狭隘,听了之后不但不以为忤,反而大为同情。

对于这位律师所言,欧美社会我了解不多,不敢乱开荒腔,东方社会我也只熟悉自己的伟大祖国,对于其他东方国家毫不了解,不敢置喙;但在我熟悉的社会,发现要找到一些可以印证它的例子,并不困难。曾经有一位法官在酒桌上聊起法院办理行政诉讼案件,笑谈:遇到行政机关具体行政行为有违反程序之处,想作出有利于原告的裁决,便判决"违反法定程序",行政行为应予撤销;想作出有利于被告的裁决,便判决道:虽有程序瑕疵,但不影响原告权利行使,对行政行为予以维持。说罢开怀大笑,满座也都各有会心微笑。我真希望这只是笑谈,并非实事,否则法官执槌司法,随意揉捏,翻手为云覆手为雨,天下还有法治乎?

说起法治,不得不揿到法治的特征,就是法律具有稳定性和明确性,因而也就具有高度的可预见性。这和人治大有不同,人治则因统治者智愚贤不孝以及情绪的变化不定而难以把握,可怜那些被"法治"者,倒霉与否、倒多大霉,全凭运气或者晦气,那运气与晦气当然变化莫测,泥鳅一般难以把握。相反,法治就简单多了,美国学者巴里·海格曾言:法治的"透明度的好处似乎是显而易见的:可预测性、可靠性,以及使人普遍感到法律对自己的行为的应用不会是专横和多变的。如果您了解法律的内容并守法,您不应当有理由害怕政府或您的同胞将试图干涉或限制您的行为。如果您了解法律的内容而未守法,您已经获得预先警告,了解如果您被抓住会发生的具体后果。"这就是说,法治保障了人们对自己行为的后果有明确的可预见性,可以说,没有可预见性也就没有法治。

法治要有可预见性,法律本身就要有透明度,任何人均可运用。法律制定了就要加以公布,法律语言不能晦涩难解、模棱两可,要避免暧昧不清或者不为民众所知。巴里·海格认为:"透明度含有两个成分。第一,法律必须是可以充分了解的,并广为公布,以便个人就何种行为可能会导致政府的惩罚获得某种公平的警告,另外,他们也能够及时坚持自己的合法权利,并让对法律及其含义也有合理了解的其他当事人尊重这些权利。……第二,法律必须是程序性的。制定法律的过程也应当是透明的。"法律具有必要的透明度,才能具有可运用性。法律的可运用性的简单含义是"能够被了解",不过,"更重要的是,可运用性意味着真正有机会参与制定法律和调整法律的程序,并试图行使自己的个人或经济权利"。要是法律让人雾里看花,奇幻莫测,充满可能性,就不会给人提供可预见性,人们也难以运用它维护自己的权利。

不仅如此,法治还要求前后一致应用法律,不能选择性、跳跃性执法和司法。我们可以把法律看做政府与民众的契约书,即使不信这一说法,至少也得承认法律是政府的允诺书,是政府有所为、有所不为的依据,政府不能不信守承诺,率先垂范地遵守法制,使执法与司法有前后一贯性。社会一般民众对法律的尊重,来源于法制被官民共信共守的信心,行政执法部门和司法部门必须严格执行法律,给社会提供这样的信心。

可惜的是,在法治初创时期,如此"刻板"地执法和司法还没有成为政府部门和司法人员的习惯,执法和司法有不少模糊空间,这正是法律得不到广泛信赖以及司法失去威信的原因。

行文至此,想起古时一个故事,一个官员出行郊外,见路旁长有荆条,觉得制成刑具大概不错,便吩咐手下人折下一根,指一个差役要打打试试,那差役说:"小的没有过错。"官员说:"暂时寄下这次,以后有了过错,可以免打。"于是乎便打一顿。过了若干时日,那差役有了过失,官员发怒要打,那差役赶紧提醒上次免打的事,老爷怒曰:"你没有过错时我尚且要打你,何况你有过错耶!"

这正印证了柏杨先生所谓"说不准学"。柏杨曾痛切地说:"中国的事,都是说不准的,这乃是专门学问,可列入联合国记录者也。盖说不准学者,乃是因果关系常有奇妙变化,二加二有时候固然等于四,有时候却等于八,有时候则等于负十,在没有确实看到答案前,谁都不敢肯定有啥结果。"

诸般领域奉行"说不准学",有无危害以及危害大小,需要具体而论,不好一言以蔽之,但在法律领域充满"说不准学",却可以打足保票说,即使危害不会马上显示出来,也必定会潜滋暗长,最终的影响很不得了。盖因人们信赖法律,有利于培养守法习惯,也就会减少违法犯罪。反之,就有可能造成这样一种灾难,如赫伯特·

H. 韩德瑞所言:"不受人民支持的法律,即使再多的监牢、警察、法庭,也不足以付诸执行。"

关心法治者,不可不稍加留意:不要让法律变成砂器,不要让信任的水分蒸发、法律的威信逐渐风化掉了。

从遵法教育到启发民智

包世臣在《齐民四术》一书云:"明刑弼教,世轻世重。""明刑弼教"之义既为古人熟谙,亦为其所重。据称"明刑弼教"源于《尚书·大禹谟》之"明于五刑,以弼五教,期于予治"一语。弼者,辅助也。"明刑弼教"是以刑法晓谕民众,使其知法、畏法乃至守法,达成教化不能收到的效果。群众是愚氓,官员为之训导。今日教育公民自觉遵守法律之普法活动,走的还是这条路子。

教育公民自觉遵守法律,积极同犯罪行为作斗争,向来是我国当代刑法的重要任务。法律承担的这一任务,一般的理解是:刑事法制定并公布本身,就为专门机关及其人员以及一般民众提供了刑事司法活动的规范,人们通过了解这些规范而遵守之。由此,刑事法典作用之一,就是为人们了解、掌握这些规范提供读本。

不过,严格分析起来,刑事法教育公民自觉遵守法律,情理不通。盖法律乃客体,非主体,它是用于教育之具,不能离开主体有意识地主动教育。也就是说:客体不能自觉行动,如何从事教育民众这一积极作为?教育民众的任务,由执行法律和宣教法律的机关、单位、个人承担,才讲得通。刑事法教育功能的发挥,不能离开刑事司法的具体活动,人们论及刑事法"教育公民自觉遵守法律,积极同犯罪行为作斗争",想到的只是公安司法机关及其人员应用刑事法而使之发挥预期的教育功能罢了。

在我国,公安司法机关及其人员在刑事司法中承担的教育职能体现在:揭露、证实、惩罚犯罪与保障无辜以及主动参与法制宣传活动,自觉对公民进行法制教育,使其了解法律内容,培养守法意识,从而发挥预防犯罪之效;同时,培养人们与犯罪作斗争的责任感和勇气,使之敢于和善于与犯罪作斗争;对社会上潜在的违法犯罪人员起到警戒作用,使其震慑于刑罚的威力,不敢作奸犯科。

这种对公民进行法制教育的思想有"明刑弼教"古训的影子,不言而喻;另一来源却是苏联的影响。苏联重视法院活动对民众的宣传教育作用,在法学者的著述中可以清楚看到这一点。"苏联法院灌输群众认识社会主义法治及法序的原理,以共产主义精神在改造全社会的伟大事业上活跃地协助国家。"苏联法院"顺利地得以实现其教育任务,以共产主义教育的精神,感化群众"。"苏联法院公开审理,系在吸引最广泛的大众注意司法。为了这个缘故,法院选择了最便利劳动者到法院审理庭旁听的时候开庭。法院时常到工厂、国营农场、集体农场,在熟悉犯罪情状和犯人的群众中间审理案件。法院仔细地研究案件,严格地遵照法律,一步一步地揭开犯罪或民事案件纠纷的全景,静听各方的陈述,法院成了一个巨大的学校,教育到庭者遵守并尊重法律和法序。"这样的文字俯拾即是。维辛斯基曾说:"在养成尊重社会财产和忠实于社会主义国家的教育事业里,苏维埃法院起着巨大的作用。""苏维埃法院在自己的活动中结合着惩罚的任务和教育的任务。"此公在谈到法院的教育功能时,特别强调法院活动的说服力。维氏曾言:"法院活动的说服力有多大,群众对法院的工作和完成工作的刑事判决或民事判决认识的程度就有多大,这些判决被群众接受和得到群众的心悦诚服的程度就有多大。苏维埃法院应当首先能说服、证明,使社会信服自己的道德力量和威信。""正因为如此,所以法院活动的内在方面,就是法院某种诉讼行为的内容、逻辑性、根据性、考虑周到,在诉讼程序上起着这样重要的作用,具有这样重要的意义。""摆在法院面前的基本任务,是认定真实,即对于某一事件以及成为诉讼案件中的刑事被告人、民事被告人、受害人或原告人等在事件中所起的作用和所实施的行为,有一个正确的即符合案件实际情况的了解。并对这种行为作出正确的法律上的和社会政治上的评价,以及决定由于这种评价所发生的法律上的后果(宣告无罪、认定有罪、加以处罚、准许民事诉讼请求、驳回民事诉讼请求等)。""法院对于所有这些问题所作的正确的和有说服力的回答,是能增大法院刑事判决或民事判决的政治和社会意义的。同时并能增加整个国家的威望与威信,增加法律本身的威信。"特别耐人寻味的是这样一段话:"法院最好的教育方法是文化,但不是表现为表面光彩的那种文化,也不是冷酷无情的官吏高傲的那种文化,也不是把有思想的人们排斥出去的那种文化,也不是引起对于法院的滑稽剧和法官扮演滑稽演员的深刻憎恶情感的那种文化,而是社会主义人道主义的真正文化,是在探求真理上有智慧,是在分析上无情和严格,是使审判员的每一行为都服从审判员的客观性和原则性的高度要求的文化。"

值得玩味的是,政治上的名实往往不符,形成强烈对比的是,维辛斯基任总检察长期间,苏联司法机关积极参与的"大清洗",恰恰在世界范围内使苏联"整个国家的威望与威信"和"法律本身的威信"扫地,所谓"在分析上无情和严格"也成了残酷和残忍的文字表达。如今,维辛斯基本人的名声早已败落。不过,若不因人废言,平心而论,维辛斯基这些话并非绝对没有道理。

亦步亦趋,我国法院也重视宣教工作,认为:"审判工作是有着严重的教育作用的。人民法院,通过刑民案件的审判或调解,惩罚犯罪和解决纠纷,同时,也伴随着积极的教育作用。""人民法院是服务于人民,它不仅能够有效地站在国家人民的立场上,惩罚犯罪,解决纠纷,而且能够预防犯罪,消灭犯罪,清除人民意识中从旧社会遗留下来的一切落后的和污浊的影响,代之以新民主主义的法治观念和道德观念,而发挥着审判工作的积极的教育意义,教育人民遵守法律秩序,遵守我们共同纲领所规定的共同生活的法则。"

不过,国人虽强调公安司法机关的宣教作用,却对如何达到最佳的宣教效果不甚了了。各地公安司法机关的大宣传橱窗、公开逮捕、公开宣判固然都有一定教育、告诫乃至恫吓功能,但效果其实有限。盖因法律的教育功能固然可以通过有意识的法制宣传而得以发挥,更重要的却是通过法律的实际运作加以实现。在法律的实际运作中,公安司法人员的职务活动,对于树立法律的威信和培养人们的守法意识有着潜移默化的影响,最不可忽视:公安司法人员在诉讼活动中严格依法办事,可以发挥遵守法律的示范作用,这种"不著一字,尽得风流"的示范行为所具有的塑造社会风气的功能,比专门的宣教更具实效。如果执法司法者都不能严格依法办事、实践法律对公众的允诺,公众就会得到反面的教习,养成轻视法律、蔑视国家司法权威的社会习惯。正如美国法官路易斯·布兰代斯所言:"犯罪有传染性。如果政府成了违法者,它也会传播蔑视法律的种子。"

我国的法制宣传教育,存在一个误区,以为宣传教育便是教育公民自觉遵守法律。其实,守法教育固然重要,但比守法教育更重要的,是教育公民了解自身应有的各种自由权利,培养自觉运用法律维护自身和他人的自由和合法权益不受侵犯的意识,只有这样才能强化国家权力运作的制约机制和监督作用,保障权力的正当行使,使个人自由得到保障。

拉斯基曾言:"人心无使用自由之训练,不足以言自由。盖除教育外,我人决不能表达自己之经验与建立于此经验基础上之需求,以陈达于政府也。教育之为物,在昔为征服自然,利用物力之枢机;而于今人,则为自由之基石;夺一人之知识与绝一人之聪明,即所以沦彼为幸运较佳者之奴隶。虽然,夺一人之知识与绝一人自由异。盖夺一人之知识,仅使彼不能运用自由,以遂大志耳。然不能遂谓庸愚之夫,即无自由也。我人仅能谓,此类愚人,不能运彼之自由,以确保其幸福耳。"阿克顿云:"自由的理念是最宝贵的价值理想——它是人类社会生活中至高无上的法律。""最重要的是怎样才能教育人们去追求自由,去理解自由,去获得自由。"许多国家有"公民课",对少年进行教育,不是为了培养顺民,而是培养有尊严、有权利意识的现代公民,我国的法律教育,亦应作如是观。

经过多年的守法教育,民众遵法意识有多少长进,吾不得而知。就物质方面的权利意识而言,进步似乎颇为明显,消费者权益保护法之类法律的运作与宣传,有着明显的效果。但自由意识,乃相对于国家权力而言,非财帛方面的利益所能比拟,我国的民众教育恰恰于此尚有许多不足。很明显,刑事法——特别是刑事程序法——重在约束国家权力,保障个人自由,是需要被认识到并加以揭示的。这些规范公权力的法律的良性运作,也需要有强固自由意识和权利观念的民众作为条件。但我国的刑事法制宣传教育,始终未打破"明刑弼教"的局限。

知自由之可贵者,不可不知启蒙人民良知之必要。阿克顿曾云:"自由属于那些充满生机活力的民族,而不是那些尚未成熟或正在走向衰败的民族。……哪里有启蒙人民的良知,哪里就有自由;反之,自由就不复存在。仅仅有物质上的快乐享受而缺乏精神思想的活动,只会使这个民族堕入麻木不仁的状态。"

启发民智,乃我国近现代化中重要任务。昔鲁迅弃医从文,撇小说以写杂文,正缘于此。我国古时,民智不开乃统治者的治绩,愚民弱民本来就是专制国家的基本国策,唯恐民众有自由、民主、人权意识,凡可能危及政权稳固的思想皆为异端邪说。旧日的习气未除,新的戕害又来。如今电视屏幕上三拜九叩、吾皇圣明臣罪当诛以及苦练拳脚除暴安良的种种新炮制的影像,还在不断强化反民主、反自由和反法制的集体意识。这表明,在我们这个有着沉重历史包袱的国家,启发民智实属五四以来未竟之事业。

从法律领域观之,实现法治同样不能绕过民智,民主、自由、人权和法治观念不得普及,我国的法治进程就缺乏深厚的民众基础。现代法治的精神在于自由,期望有现代的法治,须先有现代意识的人;期望有自由的社会,须先有自由观念的人。当一般民众睡眼朦胧,不知现代法治的真谛以及与申韩式法治的区别,指望法治能够实现于朝夕之间,指望自由能苟全于强权之下,无异于痴人说梦。

法治国家的自由,除法律外,寓于民智之中。

给法律一点敬意

在一部法律中浸淫得久了,对它的缺点一览无余。作为教师对别人宣讲这部法律时,不免流露出对它种种缺点的不满。

有时便很困惑,是否应当给法律一点敬意,特别是,面对这样一个令人有点愕然的现象时,尤其不做二想。试看:法律院系某些法学课程,老师站在讲台上慷慨激昂指斥本国法律和司法的弊端,由于刑事司法与人权关系紧密,对于刑事诉讼法的指斥就更加起劲。在抨击本土糟糕的法律与司法的同时,作为对比,每每无限赞颂西方特别是美国法律之好(面对西方,我们有高唱赞美诗的心情)。

我亦一法学教师也,想不明白的是,当我们面对一个自以为是"千疮百孔"、"浑身是病"的法律并将该法律讲授给学生的时候,是大嚷大叫痛诋这部法律是"恶法",将它的疮疤撕破了给众人看,还是小心谨慎,用理性的讨论,冷静的思索,精心呵护人们对法律应有的那么一点尊重?前面的行为是否会败坏人们对法律的尊重或者妨碍培养人们对法律的尊重?对法律怀有一点敬意,是否有必要?

要解答这个问题,可以从法律是什么说起。

何为法律,好像不成问题,其实不然。罗伯特·莫里森·马季佛(Robert Morison MacIver)曾强调说:"法律的区别与定义,必须于其形式上——而非于其内容上——求得之。假如我们在讨论中引进一些与法律形式无关的伦理和历史的观念,我们便只能使问题发生混淆。最大的混淆,发生在我们要将法律应遵循或应实行的某种理想,亦加入法律定义之内的时候。但是依法律本身的理想而下法律的定义,或者引我们入于不可能的混淆,而以理想的法律替代真实的法律,或者堕我们于不可能的分裂,而简洁地否认真实的法律为任何法律。布奈克斯通(Blackstone)尝宣称法律为'一种人民行为的规则,由国家最高权威所规定,用以厘定正义而禁止谬误的'。这个著名的定义,便犯了这一类的毛病。其足以引人误会的地方,不亚于一般上古人的公式——如认政治法律为'理智的法则'或为'上帝意旨之人间的翻译',等等。"马季佛进一步解释说:"因为一种法律——姑无论其是否公正——固仍不失其为法律。否则同一法案对于某人则为法律,对于他人则不为法律;甚或此一时代的法律,及至另一时代便不复成其为法律。无论一种法律能增进多数人的利益,或是只能增进少数人的利益,它反正都是一种法律。无论它能增进自由,抑或缩减自由,它总是一种法律。无论制定法律的基本原则,是从武断的宗教中所抽得的原则(有如关于安息日的种种立法),或系根据一种人类平等的主义,抑系根据社会幸福的实际考察,法律总是一种法律。"(罗伯特·莫里森·马季佛著《现代的国家》)

对于一个致力于本国某一法律领域的研究者来说,总不免对自己熟悉的对象怎么看怎么不顺眼,谈起它的时候更是心潮难平,恨不得立即删之增之改之,把它装扮成自己喜爱的样子。我注意到,越是年轻之辈,研究法律时间不长,越是言辞激烈地表达自己对研究对象的不满,似乎踏上"研究"这艘"贼船",就与这部法律结了仇,必欲诟詈之诋毁之,使之浑身是伤一蹶不振。这样的人一且做了"教头",在大庭广众之下掌握话语权,便时时破口大骂本国法律之糟。听讲者照单全收的结果,是在本国法律制度面前大感气馁,鄙夷本国法律的习惯就凝固成型了也。

我无意为简陋的法律做辩护人,也不是对本国法律的弊端视而不见,对于本国司法制度改革步履迟缓、不能从善如流,那眼光也算得严厉。但作为执教鞭者,面对讲台下那些无多少渣滓的纯洁心灵,有时颇为矛盾:执教者对本国法律进行宣泄式地鞭尸的结果,固然可能会得不少喝彩,瓦解的可能是他们对法律的信仰。吾师周士敏教授曾言:"教学者应当培养学生对(本国)法律的尊重,而不是激发学生对(本国)法律的蔑视。"

一个社会,存在对法律尊重的风气颇为重要。英国人 G. D. 詹姆斯尝云:"在先进的社会里,法律的存在受到大多数人的尊重,因而执法的作用往往不大。"(G. D. 詹姆斯著《法律原理》)我们的社会所缺乏的,不正是对法律、对规则的尊重吗? 许多不守规矩、破坏规则的行为不正是因为不把抽象的法律条文放在眼里而将人情社会里行为的弹性看得比法律的正当程序更可靠更重要吗?

对法律的普遍尊重,可以减少对法律的违背和触犯行为,这就是为什么执法的作用因此而变得不那么大的原因。我们可以就此追问:我国古人"刑期于无刑"、"必也使无讼乎"的理想是否能够在这个意义上得到实现呢?

当一名法学教师在课堂上肆无忌惮地宣泄自己对本国法律不满的时候,他是否会想到、是否应当想到这种宣泄的不满会产生强烈的传染性,从而培养出新一代蔑视自己国家法律的"愤青",而使法学教育走向歧途? 为什么一个学者把自己定位为煽动家、鼓动家,把自己搞得剑拔弩张,把别人搞得蠢血沸腾?

也许,现在的教师再把自己定位为"传道、授业、解惑"的人已经不大合适或者大不合适,老师不过是思想、观点的交流者,将自己对于法律和法学的见解提供给学生,启发学生去思考、去探索,让学生自己去发现,找出问题的答案(那答案当然不是唯一的)。老师的话只是一个引子,或者对比材料。

既然这样,老师言辞激烈,又有什么关系?

的确,我们的课堂,真正需要的,是充分、理性、冷静的讨论与思考,老师不再是真理的拥有者、垄断者,他对于本国法律与司法的看法只是一种启发,启发人们用批判的眼光去看待一些事物和关于那些事物的观点。问题是,学生们是否已经就此做好准备,把讲台上那个人的观点、看法只当作一家之说、个人观点,并不是唯一正确的答案?

而且,问题还在于,我们的讨论能够像苏格拉底时代那样从容不迫吗?忙于应付考试(包括司法考试)、寻找工作的学生有多少闲暇坐下来静静思考老师试图引起思考的问题?

一个多么矛盾的现象就摆在我们面前——

课时越来越短,课本越写越厚,期末嘛,只考老师在课堂上讲过的。

卷三 volume 3

藐视法庭罪该给谁设

许多国家的法官,看起来都很斯文,身体都不怎么结实,不像绿林出身的彪形强健的大汉,也不似随时飞檐走壁的身手敏捷之士。英美国家法官中有许多还是老头、老太太,来个年轻生猛的愣小子,一拳能打倒七八个。

但他们不怒而威,很受尊重。法庭开庭时,从旁听入口走进来的人都步履轻轻;退出旁听席时倒退着到门口,向法官深深鞠上一躬,法官可能头都没抬一下。

在这样的法庭,你能随时感受到法官是受尊重的。你可能会思考:那个坐在审判席上的银发老头、干瘪老太太的威严来自何处呢?

你也许会以为,法官威严来自守护法庭安全的警察。这看起来很有道理,毕竟,有警察目光睒睒地警卫,没有人敢轻举妄动。其实,法官还有一个法宝,那法宝不是藏在黑色的法袍底下,而是在法律大全书里。那里面有一个罪名,即"藐视法庭罪"。这罪名煞是厉害。对于捣乱法庭、咆哮公堂、不把法官的话听在耳里,甚至传而不到的,法官都可以用这个罪名一招制敌。

我国法律里就没这个罪名,有人把法庭的威严树立不起来,归咎于此。早起晚睡地到处叫喊:中国法官与法庭之威信,全靠在法律中规定这个罪名啦。其实,我国法庭尊严的维护,法律规定有若干司法处分措施,在法庭上发疯、捣乱、说脏口,也有制裁的办法。

只不过,像通知证人出庭证人不来,还真没有什么办法加以处置;刑事诉讼法上对扰乱法庭秩序规定的若干司法处分措施,也不如"藐视法庭罪"听起来提神,看来更劲儿。

不过,要确立这个罪名,这个罪名该给谁设呢?

听到这个问题,你脸上早已笑得稀烂,嚷嚷得满世界都知道:"当然给冒犯法庭尊严的人设了,难道还给法官设不成?!"

你说对了,这正是我的主张。

我观法治社会,法庭与法官真正的尊严,不是靠压服获得的。法庭和法官没有尊严,就是搞得军警林立,环拥四面,每次开庭净鞭三下响,吏呼一何怒,该不受尊重还是不受尊重也,顶多在肃杀的气氛里,人家心里蔑视不敢表现于外而已,尊重云乎哉。所以,法官要想赢得别人的衷心爱戴,法庭不想被人藐视,得另辟蹊径才行。这蹊径就是法官要做到超然中立,精于判断,人格完整,办案公道,采证正确,不贪渎,有清风,裁判合乎法理人情。当法官做到这一点的时候,法庭内就会建立起一种信赖气氛。当这样的法官多起来,整个司法就会获得受人尊崇的社会基础。

对法庭的藐视,一大来源是法官自身及其行为缺乏作为司法者应有的素质和品格操守,一味在仕途前程上使劲,从来不把民权民瘼放在眼里,上谄下骄,混沌判案,搞得冤滥遍地,天怒人怨。如此一来,法庭还会有尊严乎?藐视法庭之始作俑者,乃法官也,非当事人也,非证人也,非旁听民众也。

法官公正断案,不仅为自己赢得尊重,也会使法庭不至于被藐视。试想:若你作为法官,国家给你权力,让你占据法庭,让你顶着法官称号,你却对自己手上的权力没有敬畏,对公民的个人自由权利没有敬畏,对自己的法官身份没有珍重,玩忽职守,滥用权力,侵犯民权,胡作非为,使法庭的功能失灵,使民众寻求公道的愿望落空,使法律的权威失落,你的行为不是"藐视法庭"是什么。所以,法官要治别人以藐视法庭罪,自己先要尊重法庭。"藐视法庭罪"应当先为法官而设也。

某香港电影,惜忘其名字矣,但有一个情节,我印象深刻:片中一当事人对法官的不公裁判表达不满,激怒了法官,法官吼曰:"你藐视法庭!"该当事人反唇相讥:"我不是藐视法庭,我藐视你耶!"

这法官说的其实没错,我也看出来,当事人是有点藐视法庭;只不过,让该当事人藐视法庭的,正是法官自己。

证人不愿出庭的真正症结

走过,路过,没有错过——看见了,就成为目击证人。

案发,没有在罪案现场目睹,也可能成为证人——只要了解有关案件的情况。

有的人喜欢把看到、听到、知道的一切讲给人听,包括警察、检察官和法官。

有的人,只讲给家里人听。一听到要去作证,一肚子的不愿意。

翻开法典看,作证是知情人的法定义务。

然而,既然是法定义务,拒绝作证又怎么样呢?法典上没有说。

再看其他国家法典,拒绝作证后果堪哀:拘传、拘留、罚款、藐视法庭罪……

有时生疑:为什么一个人只是看见、听见,知道点情况,没做什么坏事,就受这罪,招谁惹谁了?!

问法官。法官语塞,读过的法律书上都没有讲。

那么,我来试试吧。说错了,就当是村姥姥信口开河吧。

知情人有作证的义务,这个义务是对社会应尽的义务,也就是作为社会一员须向自己所在社会尽到的义务。国家起源的契约论和功利论观点都认为,政府是必要的,其功能之一在于维护社会秩序,政府是由大家转让一部分权利组成的,是一种公益机制。政府要履行维护秩序的职能,不能没有公众协助。协助方式之一,就是知无不言,言无不尽,让承担公安司法职能的机关了解发生了什么事情,好正确适用法律,作出裁决,使紊乱了的社会关系重新恢复安宁。没有这种参与,政府维护秩序的职能可能因观众的冷漠而闲置,例如,对于犯罪案件,查不清事实,国家刑罚权就不能落实。

知情人作证,总是对诉讼一方有好处,看起来作证只是对诉讼一方承担责任,其实不然。如果知情人只是对诉讼一方承担责任,哪一方有响当当理由要求一个知情的陌生人必须为自己作证?知情人作证,其实是尽一种社会责任:案件虽然与知情人没有直接利害关系,但社会共同对秩序的需求要每一个社会成员相互承担提供真实情况的义务。

其实,从自私的角度看,这种义务也是必要的。对于知情人自己来说,他有可能成为另一案件的当事人,需要由别的知情人提供案件有关情况。你知情,不为别人作证,别人将来也对你袖手,这种社会状态对谁都没有好处,倒霉的事最终会落到自己头上。

当然,社会责任并不要求一切知情人都有义务作证,出于其他法律价值的考量,有的知情人被免除作证义务,如许多国家法律规定亲属之间可以相为容隐,就是因为亲属之间的信任关系被认为更为重要,社会也不得强迫亲属之间相互陷对方于不利。

明乎此,该作证的,才去作证。

明乎此,该作证的,不可不去作证。

明乎此,该作证仍然拒绝作证,便是公共责任感缺乏。

我国证人不热心作证,有许多原因,公安司法机关没有让他产生亲和力和信赖感,使他不愿与衙门里的人打交道,就是其中一个原因。法院嫌麻烦,不热心于证人出庭也难辞其咎。然而,更主要的原因,是公共责任感的普遍缺乏。

公共责任意识似乎与尊崇个人自由的观念相冲突,其实两者结合起来才不至于使社会崩解。崇尚个人主义和自由主义的美国人曾经担心个人主义使政府解体,强调"公共道德"来消除政府解体的可能性,因此"公共道德"一度成为继"自由"之后美国独立革命文献中频繁出现的词。据说强调"公共道德"的想法来源于孟德斯鸠,孟氏认为,专制政府以恐怖政治维护自己的存在,君主政府依靠贵族对优越地位和荣誉的渴求来保持政权,而人民政府既缺乏恐怖政治产生的胶合力也不具有产生这种力量的贵族荣誉规范,因此应当努力在公民中培植"公共道德",以此维系政府于不坠。共和国要想作为一个公共实体而存在,就需要公民甘愿为公共利益牺牲私欲私利。不过,美国革命者对"公共道德"的强调很快由于不符合政治现实而走向式微,美国人"摆脱了英国人,却没有摆脱个人利益或某些人所称的'罪恶'。国家分裂成许多派别。人们似乎将生活集中于个人利益,把为社会服务放在了一边"。解决这一问题的方案,是强调社会责任以避免个人主义对社会产生瓦解作用,防止政府分崩离析。值得惊讶的是,恰恰是崇尚自由主义和个人主义的社会,使人们没有堕入放纵主义和自私主义的混乱状态,稳定有序的社会秩序,依赖于那些抱有"与我有关"、"我不例外"的公共责任的人们的参与和政府在有效监督下履行自己的职能。

我们的国人大概已经不是一盘散沙了吧,但在作证——特别是出庭作证的问题上,人们的公共责任意识却还有待加强。在诉讼中,最困难的还不是证人不到庭或者到场作证,最困难的是怎样保证证人到庭后说真话。没有公共责任意识,认识不到履行作证义务对自己的长远利益,就是勉强出庭,也难以保证他说出事实、只说事实、说出全部事实吧。

方舟子的《西游记》世界

不用查相书,不用问卜者,一望便知,方舟子有些"猴相"。

这长相很贴切,在一连串打假中,他扮演的正是孙悟空角色:一眼洞穿造假扮神者,用千钧之笔痛加揭露,使那些魑魅魍魉现形。

方舟子本人的经历可以与孙悟空作个对比:负笈海外,留学美国,取得博士学位,练就识破虚假的锐利目光;当年孙悟空立志修玄,远涉重洋,学得一身本领,七十二般变化,海底借得金箍棒,炉中炼就火金睛。

方舟子之打假,也如孙悟空一样,根本是在《西游记》世界里。《西游记》里除了佛祖借阿傩、伽叶之手索贿并为这种索贿辩解之外,最耐人寻味的是,一路上降妖除怪,只能严惩那些没有背景的土妖野怪,对有背景的一律奈何不得,即使有心一棍打死,在世间抹掉那怪,却早被菩萨等神仙喝住,眼睁睁看妖怪重新变成神仙的坐骑、爱宠、使唤童儿,急也急不得,骂也骂不得,朗朗乾坤,又恢复一片和谐景象。如今揭露造假扮神,需要不知多少勇气,搜罗证据,加以研究、对比、考证,也非下一番工夫不可。但揭露了又怎样,那些被揭露者虽然现形,烧焦的也不过是些头发毫毛,真正伤"筋骨"者有几人?更有许多菩萨神仙护驾保佑,有背景、没背景的造假扮神者都不会因造假扮神而付出应有的代价,有的优哉游哉,依旧趾高气扬,上哪儿说理去哉?

在《西游记》世界里,难免遇上乡愿的唐僧、淡漠的沙僧和从来不惮以恶意来推测他人的猪八戒。唐三藏是个滥好人,是非不清,善恶不分,看不出严惩那些妖魔鬼怪的意义,还往往"对敌慈悲对友刁"。许多学术造假者的单位都扮演着唐三藏或者护短菩萨的角色,那些造假的人得到他们的庇护,方舟子之类只能顿足叹息,一点辙都没有。沙僧这类人,纯粹愚夫愚妇类型,不做领导,也做不了领导,没有主见,也不想有主见,对什么都淡淡的,毫无激情,指望他们支援打假,除非一顿棒喝,使之清醒,否则对打假的意义,连想一想的心思都没有。最可恶的,是猪八戒这类人,大嘴一咧,永远以恶意推测他人,诋毁打假者的动机,转移视线,淆乱是非,极尽搅和、诋毁之能事,即使事实表明他错了,他的脸皮也足够厚,满不在乎——这路人坏不彻底,但绝不做好人,因为无耻胆大,还处处左右逢源,其言其行为头脑混乱的大众喜闻乐见。

至于打假的拥护者,尤其是万众网民,仿佛水帘洞里的猴子猴孙,思维活跃,身手敏捷,弹键发帖,摇旗呐喊,成为舆论压力的来源。没有他们的欢声雷动,怒气云翻,孙悟空的激情早就散如袅袅云烟了,连个踏脚的筋斗云都找不到。

不过,方舟子毕竟不是孙悟空,所以才会遇袭,要不是凭着素日锻炼攒下的功夫,躲闪腾挪,差点受到严重伤害。倒是这一番让偷袭者无功而返的闪功,让人看出他带些猴的灵敏。方舟子遇袭后,自然还得劳动警方破案,警方还真把案件破得漂亮。不漂亮的是法院的判决,轻得几乎起不到多少警戒坏人的作用。方舟子不满,在遇袭事件快要尘埃落定之际发出《罪犯不幸生在美国》的博文,感叹:"在司法实践中,公检法都普遍认为,只有伤害的结果达到轻伤以上才能以故意伤害罪定罪。以至于花 10 万定金雇凶报复的嫌犯被以寻衅滋事罪起诉,在法庭上竟得意地说:我不是寻衅滋事,我就是要故意伤害,只打成轻微伤,所以我无罪。能否定罪不看犯罪意图,只看犯罪结果,定不了罪要归咎于受害人身手太敏捷、运气太好,打得头破血流也只是定不了罪的轻微伤,这样的司法实践如何能很好地保护人身安全不受侵犯?岂不是在纵容暴力犯罪?"

如今方舟子遇袭案二审判决已经隆重出台,不出意外地维持原判。我觉得似乎没理由怀疑法院故意扮演了唐三藏的角色,方舟子的愤懑已是强弩之末,不会产生实质的效果。我只希望这《西游记》世界不要严重挫伤了方舟子之类打假者的热情和良知,毕竟,在这个社会,孙悟空多了,阴霾会少些,空气也会好些。

有想象力的犯罪和无"想象力"的司法

人们彼此祸害,穷极人类之想象。

国内的手机用户有过这样的经历,电话只响一声,手机上显示有未接电话,打个电话回去,发现对方是设置语音信箱播放广告,或者呼转至付费声讯台,等缓过神来挂断电话,已经来不及了,高昂的话费就这样被从未谋面的骗子黑了去。有些用户回电话短短几分钟就损失掉几十元的通话费,有的甚至高达几百元。真是大盗无形,劫掠财物在千里之外。

这种骗局是富于想象力的。上当受骗的人在梦醒时分,无不佩服骗人财物者狡猾多智,有点古典诗词素养的人可能还会想起宋代诗人杨朴在乞巧节的一句感叹:"年年乞与人间巧,不道人间巧已多。"

有媒体披露:财物被骗走的人满腔愤懑,问中国移动公司的客服人员。客服人员和蔼可亲地解释,经常有对"响一声电话"咨询投诉的,这些来电"一般都不是北京的号码",在北京查询不到机主资料,每个省份业务不同,只能到当地运营商处咨询。球就这样被漂亮地一脚踢走。

手机用户被骗,很多是因为手机被呼转至付费声讯台,堵住这条路,手机用户的钱包就安全许多。问手机可不可以呼转至付费声讯台,中国移动凛然答曰:"我们没有得到这个通知,就是说没有明令限制可以或不可以。"问中国联通,答曰:"由于是个人用户拨打的电话,所以属于个人问题,和联通没有关系。联通的130和133号码段可以进行呼转业务,也可以呼转至声讯台。"问中国网通,同样是耸耸肩:"由于之前全国有非常多的声讯台,收费不一,况且监管非常困难,所以目前北京已经封网,不能再申请注册盈利的声讯台,但之前注册的有些仍然在使用。"那意思是说:我们为这种骗钱勾当没法不提供方便,你另想法子吧。

有好事者寻访发现,这类"响一声电话"的电话吸费骗局大多源自"广东"、"福建"、"甘肃"等地。与当地通信运营商交涉,通信运营商一副无辜又无奈的模样解释道:这种号码属预付费电话,无登记机主信息,我们没有执法权,只能记录。换句话说:活该你倒霉,本阁下没责任也"木(没)办法"。

向警方报案。警方表达的意思清楚而明确,公安机关和通信运营商一样无法准确掌握机主信息,即使追查到,侦查难度也非常大;另外,对不法分子的处罚畸轻,违法成本低,警方也无可奈何。警方还不失时机地提醒人们:市民谨慎回拨。警方可能看不到有受害者带着一副苦瓜脸抱怨:"我在不知情的情况下,被扣除这么高的话费,难道全是我们手机用户粗心大意的责任吗?"

问问专家吧。专家学问庞大地宣布:这种"响一声电话"的引诱性来电既没有虚构事实也没有隐瞒事实真相,只是一种手机骗术,不能按刑法中诈骗罪来处罚。对于这些具有增值业务的电话号码,电信、移动等主管部门缺少检查、审核,或者说管理上太过于松懈,只知道一味追逐自身利益,让原本为普通大众服务的增值业务变成骗人钱财团伙牟利的工具。要解决这类问题,立法上需完善,运营商应建立信息过滤机制,这看起来不是指日可待的事,大家都鹄首待其慢慢健全吧。

遇到此类明显骗人钱财的勾当,有关部门个个束手(或者袖手),徒呼奈何,真是值得玩味的奇景。

我对通信运营商的推诿,还不觉得特别出乎意料,倒是对于公安司法机关对于此类案件耸肩摇头的惯常反应大感不解。

按照警方的说法,对于这类骗人钱财的行为,查处难度过大。查处难度非常大似乎是查处不力甚至不予查处的适当理由,然而仔细端详便知,这种说法并不成立,盖因这世上恐怕没有因为查处困难就不予查处而放任其继续为害社会的道理。依常理可知,正由于查处难度大,才需要动用国家专门机关的侦查力量和侦查手段进行查处,要是查清案件都无难度,还要侦查机关干啥?百姓用纳税的钱使国家机关运转,目的之一就是追查并惩治不法,政府官员领着纳税人交纳的税金转成的薪水,怎能对纳税人说:查处难度非常大,我们没办法,你们都自己谨慎点,好自为之?

对不法分子的处罚畸轻,是警方查处不力甚至不予查处的另一理由。北京大学康树华教授就此评论道:"对于这种小数额的损失并且侦破难度很大的案件,公安部门可能就像处理'偷盗自行车'案件一样不会受理。即使受理,最后也会不了了之。"听起来蛮有道理,其实这个理由也经不起推敲。对不法分子的处罚畸轻,无非是因为犯罪数额不大,然而几分钟电话就吞掉手机用户几十元乃至上百元钱,报案人虽然只是个别受害者,实际的被骗用户可能恒河沙数,只要追查下去弄清案情,那数额一定非小,绝非盗窃自行车可比,其处罚就不会畸轻。所以,不在对不法分子的处罚是否畸轻,而在于是否肯下工夫把案件查清楚。

不过,警方的这一说法也触到了我国刑事司法的软肋。我国刑事司法中对于涉及财产的犯罪(除抢劫罪之外)过分强调数额标准,而不能以违法行为性质作为标准或者标准之一,公安司法机关预定许多案件的立案标准,达不到一定数额的就不能立案,更不能起诉和审判定罪,这就使一些性质恶劣的案件因达不到立案标准而不能立案,这与我国香港地区因盗窃价值 30 港元的锁扣、受贿价值 6 港元财物的案件通通起诉,真不可同日而语。随着时间的推移,立案标准还常常提高,立案标准越是提高,对人们守法的道德标准和法律约束越是降低,小恶不惩,违法现象也许更加蔓延,乃至发展成大恶。

对于以"响一声电话"为手段的诈人钱财的不法行为,刑事司法表现得过分机械,缺乏应有的"想象力"。刑事司法既需要"想象力"也要限制"想象力"。这里所谓的"想象力"指的是对于现有罪名的内涵的解读不应当过于机械,在罪刑法定原则之下,刑法一些罪名本来可以涵盖一些以新手段施行的不法行为,有的可以通过法律解释(甚至扩张解释)加以明确,但由于缺乏这种"想象力",对于现有刑法罪名内涵的解读过于狭窄,造成"不是法律不够用,而是法律不管用"的现象,使得国家刑罚权不能得到充分落实,已经成为我国刑事司法的一大弊端。没有这种"想象力",便只能自缚手脚,让违法犯罪分子逍遥法外,这实在是不能令人心安的现象。当然,这种"想象力"不是不受罪刑法定原则的随意想象,扩张解释也必须基于刑法现有罪名有作如此解释的空间,否则刑法的可预见性就会丧失,法治原则就岌岌可危了。

"响一声电话"诈人钱财是否属于诈骗犯罪,并不需要艰深的学问才能回答。诈骗者也,乃是以非法占有为目的,用虚构事实或者隐瞒真相的方法骗取数额较大的公私财物的行为。在诈骗过程中,公私财物的所有人、管理人或者持有人产生错觉,信以为真,将财物"自愿"交给犯罪分子。有学者认为,"响一声电话"诈人钱财并没有虚构事实或者隐瞒真相,因此不构成诈骗罪。噫,用"响一声电话"制造未接电话显示,诱人上当,回拨电话,骗取高昂话费,这其中不正是隐瞒了回拨即要付出高昂话费的事实真相而达到非法占有他人财物之目的吗?手机用户不正是因此产生错觉,以为正常未接电话而加以回拨,将高额话费"自愿"交给犯罪分子的吗?如果这还不算诈骗,对我这类小民的理解能力还真构成了严峻的挑战。

面对这种显而易见的诈骗行为,需要求助国家公权力加以打击,当这种打击乏力之时,受害者乃至一般民众都应当有权问责,甚至督责我们的各级政府官员、企业领导促使他们忠实地履行自己的职责。这一权利就是龙应台所谓"生气"的权利。对此我们不妨重温法国思想家霍尔巴赫的一段话:"社会成员之所以道德败坏,原因就在于社会有缺陷。……当管理人们的人在履行自己的职责时表现不公道或者不认真时,他们就会削弱甚至破坏社会联合的关系。于是,有些人就会脱离社会,变成社会的敌人;他们就会用损害他人的办法为自己谋福利。"

这里提到的"社会联合",如今在我国称为"社会和谐"。

选择性执法戕害法治

在我们的社会,民众长期以来养成一个伟大习惯,就是选择性视觉或听觉,比如到处张贴各种禁令,走过路过,甚至每天与之相对,硬是能做到视而不见,照样我行我素,该违反就违反也。这种习惯的养成,当然也是涓滴汇成大海,因为虽有禁令,违反了也不会有人纠正或者依法惩罚。在和谐社会里,违禁行为与各种禁令可以和平相处,井水不犯河水,真个其乐融融。

比如这次,来自湖北省孝感市的56岁男子赵先生,在朝天门金海洋批发市场内吸烟,他吸烟的处所就到处贴有吸烟禁令。据说该市场是重庆最大的小商品批发市场,属于防火的重点场所,赵先生在此经商,不可能不知道或者看不见这些吸烟禁令,但还是照抽不误,就让人一点意外都没有。

意外的倒是,他蹲在地上正吸得兴起,渝中区公安消防支队民警许宇航带队前来排查火灾隐患,刚好撞到;更加意外的是,许宇航掏出手机摄像取证,赵先生掉头再想离开可就不行了。更让他难以置信的是,接下来他被带往派出所拘留5天——没招谁没惹谁,只因为抽了一支烟。

警方这样做是有法律依据的,《中华人民共和国消防法》第63条明明写着:违反规定使用明火作业或者在具有火灾、爆炸危险的场所吸烟、使用明火的,情节严重可处5日以下拘留。依据还不止这个,按照公安部"六个一律"的规定,"对违反规定使用明火作业或者在具有火灾、爆炸危险的场所吸烟、使用明火的,一律拘留5日"。我不知道"4楼疏散楼梯口"是否也是有"火灾、爆炸危险"之地,也不知道如果有这种危险的话,这个地方何以作为"疏散楼梯口",更不知道这种充满危险的"疏散楼梯口"何以不先加整治,我私下里真为这位被重罚的商贩抱屈。让我暂且相信官方的处罚是很正确、很英明的,谁让这位倒霉的赵先生不早不晚,刚巧赶上了呢?

在警方看来,这是"正常的"执法行为,事发之后,却成为新闻。既然新闻都是由非常人物或者非常事件引起的,这种"正常的"执法行为必定有不寻常之处。舆论一般认为,只因在不适当的场所抽支烟就拘留5天,处罚未免太重。与赵先生同在市场经营的商贩议论说:"以前最多罚点款,哪个会被拘留哟?""在楼梯间吸杆烟有啥子嘛?"对于外界的疑问,重庆执法人员说得明白:以前执法人员发现在危险场所吸烟,一般予以警告或罚款,但警示效果并不理想。为确保国庆消防安全,公安部于8月20日重申严格执行"六个一律"。这次重罚"主要是震慑吸烟者"。

这种掷地有声的话倒让我心生疑虑。说白了,这是在非常时期的非常举措,是一种选择性执法,也就是选择特定时段,选择特定对象,选择特定法律法规,期望达到特定目的。例如忽然要整治道路交通,就对横穿马路的行人罚款50元,弄得"路上行人欲断魂",交通整治期一过,行人再横穿马路就无人过问矣,大家荷包遂得以保全,交通乱象立即恢复原状。显而易见,这种选择性执法不但无益于秩序,反而有害于秩序;不但无益于法治,反而有害于法治。

对于各种禁令,民众有选择性失明或者失聪,与这种选择性执法不无关系。法律既已制定,不管是否承认它是一种社会契约,反正官民都应当共信共守,特定的官还有依法追究违法行为的职责。古人云,法不在严而在必行。当法律白纸黑字而且必然发生实际效力的时候,即使处罚并不严厉,人们也会尊重法律,养成守法习惯,法治的社会基础才能形成。以打运动战方式来实施法律,意味着法律不能常态发挥作用,这种偶尔发作一下的法律,更多时候是不起作用。当法律经常被闲置,违法行为不能及时被制止或者处罚,人们就不可能尊重法律。法律若常冷藏,只因一时的形势需要才偶尔拿出来一用,时过境迁又被搁置起来,一时蛰伏的违法行为就又重新活跃,对于这样若有若无时隐时现的法律,人们怎么可能给予尊重?不尊重法律、不信赖执法和司法机关的社会,会是一个法治社会吗?

选择性执法还会造成法律适用上的不公。重庆吸烟者被拘奇案之所以博得舆论普遍同情,原因在于,抽一根烟就拘留5天,似乎行为与处罚不够均衡,有违"比例原则"和社会关于公平正义的朴素观念;还有一个原因,则是进出市场的喷云吐雾者多矣,除了这位倒霉的赵老汉,未见谁被隆重请去拘留,同样的行为,待遇如此悬殊,如何体现公平?如果"杀一"为了"儆百",显然没有尊重被"杀"之"一"人的人格独立与尊严,即为了推行某一公共政策("震慑吸烟者")或法律,把人工具化,拿他"祭旗",想没想过给他一个公道呢?更何况,人们会联想到,一些官员把法律当成橡皮泥,时时玩于股掌之上,屡有违反,即使问题严重,未见处罚如此严厉,何苦以法虐民,造成法乃治民之具而非治官之法的错误观感,这如何能体现法律的平等适用原则呢?

我觉得,在法治初创时期,对于违法行为处罚略重(当然不是要重到"弃灰于道者弃市"的苛刑程度),似亦无可厚非。苟无此举,实不足以唤醒民众的守法意识,养成遵法习惯。但要重罚,对每个违法者就应一视同仁,发挥法的常态作用,不可选择性执法,为一时的政治形势服务。梁厚甫先生曾言:实行法治涉及两个方向,一是由上而下推行法治,"领导人自己如不守法,怎能期望下边的人守法"。二是由上而下实现法治,"如果群众对法治的观念,缺乏认识,法治的基础就无法牢固。……近代的法治国家,一般群众,认为讲法律,就是讲道理。法律在谁人那边,谁人就有道理,到大家都认为法律就是道理的时候,法治才能风行草偃。"他还提醒说:"成功的法治国家,对于如何培育法治的观念,是做过不少的工夫的。"

我们的执法人员在进行选择性执法、运动式执法的时候,曾否想过这种做法是否有利于养成民众对法律的尊重?当社会舆论大面积同情那位被重罚的赵先生的时候,民众是否会认为执法者对该案实施的法律符合公道,是否会认为他们掌握法律就有道理呢?在我们这个国家,对于如何培育法治观念,是否也该下些必要的工夫?

我的夜晚没有你的梦魇

患抑郁症的廖婷婷将自己患精神病的同胞胎妹妹掐死,从法律的角度言之,当然罪无可赦,法院也的确依法给她定了罪;只不过,量刑较为轻缓罢了。此案判决一出,两种截然相反的观点也随之交锋,一种看法是法院作出了人性化判决,值得肯定。宣判之日,愁云惨雾的父母的脸也一朝云霁,他们喜极而泣,表达感激之情。另一种看法是,廖娟娟是精神病人,拖累了全家,但不足以成为剥夺她生命的正当理由,过轻量刑可能带来负面效应,大大减弱对今后出现的类似犯罪的警戒作用,可能危及其他类似病人的安全。

平心而论,后一种看法不是没有道理,但定罪量刑时将人作工具化考量,亦即把对一个人的定罪量刑看做对社会进行塑造的工具,很容易忽视个别正义的实现。法院的裁决并没有否认廖婷婷杀人行为的犯罪性质,要是有人从法院的判决中解读出杀害患有精神病的亲人理由正当,那是一种过度诠释。对于故意杀人案件,判处 3 年并施以缓刑,也非绝无仅有,我们不难举出不少这样的判例,有的还得到检察机关的认同,检察机关对这样的裁决并没有一一提出抗诉,表明并未始终认为这种量刑有违现行法制。

法院、检察院似乎都认为廖婷婷"有杀人预谋"乃本案量刑关键,我却不以为然。的确,廖婷婷于 8 月 22 日凌晨 5 时接受警方第一次讯问时并未讳言"早就有想法把妹妹弄死",但我们注意这一点的同时不应忽视这种想法之所以产生,正是长期精神紧张、恐惧与折磨以及一个收入不丰的家庭难以负荷的精神压力造成的结果。我们很容易说死者"是一个处于弱势的精神病人,本应得到社会和亲人的关爱,尽管她拖累了全家,但她的生命不容剥夺",当我们这样说的时候,也很容易占据道德的高位,获得道德上的优越感,事实上,类似死者这样的精神病人,只能得到亲人的关爱,要想从社会得到关爱,却是戛戛乎其难,要是真有健全的社会救助机制能够在一定程度上缓解精神病人家庭的沉重负担,廖婷婷也许就有了一定自我选择和追求幸福的自由空间,就不复有廖婷婷悲剧矣。

我看了这个案件的报道,内心颇不平静。婷婷与娟娟乃双胞胎,双胞胎之间通常感情深挚,宛如一人。婷婷是弱者,如今却向比她更弱的娟娟痛下杀手,怎不教人触目惊心?这个悲剧的原因,又怎能仅仅归咎于一个女子的残忍?叔本华尝云:"一个人的幸福感是和他麻木不仁的程度成正比的。"这个惨剧给我麻木的心灵一个刺激,在对比中既强化了我的幸福感,也打破了我的幸福感。我们大多数人的夜晚没有廖婷婷那样长达几年、看起来还要无止境延续下去的梦魇,我们从报章感受到的那种感情的触动无法与廖婷婷及其父母真实的感受同日而语。我们如果是廖婷婷,也许不会以这种方式结束梦魇,获得解脱,但我们并不因此就获得了向她掷石头的资格。

对于这一案件,我们不可没有哀矜之情,不可没有同情之心。廖婷婷案件,考验的正是我们的人文素养。程砚秋在《锁麟囊》中婉转地唱道:"吉日良辰当欢笑,为何鲛珠化泪抛?此时却又明白了,世上何尝尽富豪,也有饥寒悲怀抱,也有失意痛哭号啕……"我们需要的,正是类似的理解和悲悯。

更重要的是——

不要等到悲剧发生,我们才听到弱者的哭声。

又见"冷血者"

有一个口号,简洁动人:有困难找民警。

有人真的遇到困难,想起警察,向警察求助,却没有想到竟被不肖民警丢弃偏僻树林,延误治疗,命丧黄泉。

这人是个流浪女,被人发现时,上身穿短袖衣服,浑身挺脏,身体虚弱。她也许像你、像我一样,渴望活在这个世上。在警察到来之时,她也许曾燃起得救的希望,但她的眼睛能看,看见的却只是希望的破灭、无情以及死亡。

《北京青年报》详细报道了这件事的经过:2005 年 7 月 4 日,她在病危中向警方求助。当天 10 时许,通州公安分局永乐店派出所政委田某接到分局 110 指挥中心布警,带领警员刘某驾驶警车前往现场,发现她倒卧路旁,口噤不能言,田某见了,并没有立即挽袖救助,而是返回派出所,找了 3 名协警保安员,再回现场。田某指挥这 3 名保安将她抬上车装进后备箱——显然,后备箱才是流浪女"配坐"的。接下来发生的事情更令人震惊:警车向觅子店方向开去,进入通州漷县派出所辖区后,田某见有一偏僻树林,命令保安赶紧将人扔到小树林里。保安和刘某下车打开后备箱,将她抬下弃置地上,几人驾车返回派出所。刘某按程序报 110 指挥中心,称派出所已出警"解决"了。警察不会想不到,将病危的可怜女人扔在那里,使她被剥夺了在最初倒卧的地方尚有的向他人求助的机会,极有可能导致死亡,这种行径何异于谋杀? 天可怜见,警车

"扔人"恰巧被附近乘凉的村民看见,警车走后,两名村民走过来发现了该女子,村里好心妇女闻讯给她送来饮用水和食物,她不食不言,一直躺着,无法站起。迟至第二天,村民才向110报警。通州区漷县派出所政委王静林接警后立即派两名警员及一名保安员前往现场查看情况。到达现场后,警员得知她是被编号O××警车上的人扔到这里的,大惊,立即向分局110指挥中心和派出所政委王静林汇报,王静林迅即赶到现场。随后,流浪女被送往永乐店卫生院,因抢救无效,她离开了这个对她个人来说充满苦难的世界。卫生院的医生说,这个女子死于心衰,导致心衰的原因是体质太弱、口渴、天热、饥饿,要是她心脏没病,尽早送过来,很可能救活。2007年7月9日,田某被法院一审以玩忽职守罪轻判有期徒刑1年、缓刑1年,同案民警刘某也因犯玩忽职守罪被判有期徒刑6个月、缓刑1年。

看到这个消息,我起初的感觉是血要凝固,寒气从背后上升。通州乃共和国首善之地的一个区,并不是春风吹不到、桃花不盛开的荒僻所在;悲剧发生的时间在21世纪,也不是民智不开、茹毛吮血的洪荒年代。在和谐社会里,在"有困难找民警"的公开允诺下,一个生命最后一点希望竟在人们最信任的警察手中掐灭,叫人怎能置信?

在这个事件中,人们看到的是:不是所有的警察都像田某、刘某那样,同样是派出所政委,漷县派出所政委王静林所做的就与田某有异;同样是警员,漷县派出所的两名警员就与刘某不同。但人们不应仅因这是少部分恶警的恶劣行径,就轻轻放过、淡淡忘却。人们应当追问:为什么会有这样的恶警,有这样的恶行?

在警察政委田某、警员刘某的眼中,一个流浪女的生命如此没有价值,没有尊严,抬流浪女上警车的"脏活"都不是政委老爷和警员大人肯做的,那是"地位较低"的协警保安员才"配"做的;警车坐人的地方也不可让流浪女安坐,装工具杂物的汽车后备箱才是流浪女栖身的地方。我想追问:政委和警员的薪水不是靠民众的税金支付而用于"为人民服务"的吗?警车不是靠纳税人的钱购买而用于公益事业的吗?这也罢了,我不知道这位政委平时如何对他的下属进行政治指导,在本案中他竟这样为他的下属做出示范。

我想进一步追问,为什么这两个警察对他人的生命如此漠视?这究竟是个别警察一时糊涂或者品行不良的偶然事件,还是长期以来警察权力缺乏制约形成专横心理的必然结果?我们应该进行怎样的追问才对得起死者、对得起良心?

我想起若干年前与几位警察朋友聊天,他们谈起一起案件:一个精神病人将妻子砍死,将屋子点着,烧伤后逃出屋子狂奔,闻讯而来的村民将他围堵在庄稼地里。刑警接报后急忙赶来,将该精神病人捕获。由于精神病人伤势很重,警员只好将其送往医院治疗,住院押金需1万元,警方不愿出这笔钱,就商请村委会出……这几个警察朋友事后议论:当初不如把他堵在庄稼地里,让他死里面算了,也省得以后的麻烦。最初听到这番话时,我大为诧异。这番话引起我的思考是:对于精神病人的生命,我们是否也应像对待正常人一样加以珍视?

我不知道通州永乐店派出所的这位政委是不是因为不愿背上医疗负担而将人丢弃。不是曾经有医院的"白衣天使"将一时找不到亲属、可能付不出医疗费的病人,偷偷从医院抬出弃之外面偏僻之地造成病人死亡吗?当钱被看做比生命的价值更大时,为了节省花费,丢弃个把病人有什么值得大惊小怪的呢?

不过,仔细想来,钱又不是主要因素,同样是对生命冷漠,李思怡的悲剧就没有钱的考虑。

李思怡的名字已经快被人遗忘或者已经被人遗忘了。李思怡是一个3岁小女孩,当她的名字为许多人所知时,她的尸体因发臭而被发现。媒体报道:她与吸毒的单身母亲李桂芳住在一起,母亲在超市偷了两瓶洗发水而被抓获,成都市金堂县派出所的民警在讯问中发现李桂芳是吸毒者,将她送到戒毒所强制戒毒。在讯问李桂芳的第一份笔录中清楚地记载,李桂芳告诉办案民警黄小兵,家里只有一个小女孩,无人照看。李桂芳在上警车去戒毒所时,用手扳住车门不肯上车,哀求先去安顿孩子;上车后,她仍然不断哀求;警车路过她家附近时,李桂芳连续用头猛撞车门。警方不是一点没有作为,也曾试图安排联系李桂芳的成人亲属,但在暂时没有联系上的时候,最终没有人把一个吸毒者的话再当回事,没有人为一个3岁小女孩的命运操心到底。按规定,黄小兵应该在3日之内将《强制戒毒通知书》送达给被强制戒毒人的家属、所在单位和居住地派出所,这能够成为李思怡得救的难得机会,但黄小兵并没有送达这3份通知书。李思怡的尸体被发现后,人们发现,3份通知书安静地睡在黄小兵办公桌的抽屉里。从6月5日上午到6月21日傍晚,办理李桂芳案件的派出所和李桂芳居住地的派出所,无人过问小女孩是否有人照顾。李思怡就这样死了,有人发现:门上有她小手抓过的痕迹,她的指甲有不同程度的损伤,所有的柜子有被翻找过的痕迹,她可能晚上因恐惧而躲藏到衣柜中……许多迹象表明她曾经求生,但一个用毛线绳拴住的房门足以要了一个3岁小女孩的命。她慢慢死去,尸体被发现时,头发已大部分脱落……在对黄小兵等人玩忽职守罪行进行指控时,公诉人痛切地指责被告人"利用国家强制的手段切断了一个3岁小女孩唯一的生命线"。成都市委政法委书记王体乾在批示中写道:"一个无辜的小生命就活活饿死在我们这些'冷血者'手中。"当时的公安部副部长田期玉也在批示中指出:"对人冷漠,缺少关爱,是当前执法中的一个突出问题。"

通州发生的流浪女被弃致死事件提醒我们,这个"当前执法中的一个突出问题"并没有得到彻底解决。李思怡事件发生后,《成都商报》一位记者这样总结当时媒体的评论,说:"有评论认为,警察权力过大,缺乏相应约束是此类事件频频发生的诱因之一。那些缺乏管制的权力会在众多并不完善,甚至早已过时的合法政策中寻求'制度宿主'。……我们必须明确一个前提:无论是立法者还是执法者,放在第一位的,必须是对公民的基本权利和基本价值的尊重和敬畏。而生命,无疑是最高的价值和不可逾越的底线。"媒体提醒公权机关:"要时刻保持对普通生命的敬畏。"

话说的都对,但对某些执掌公权力者,却如春风吹马耳,根本没有进入内心。

我很遗憾地看到:我国的法律和司法治民何其严、治官何其宽。流浪女死亡事件之后,法院最终轻判田某有期徒刑1年、缓刑1年,轻判刘某有期徒刑6个月、缓刑1年。对于这个明显过轻的判决,法院打太极似的对外宣布从轻判决的理由,那理由是,综合考虑田某、刘某犯罪的事实、性质、情节及对社会的危害程度,可适用缓刑,云云。我不知道法官究竟综合了什么我所不知道的犯罪的事实、性质、情节及对社会的危害程度,从而得出"可适用缓刑"的高妙结论,我始终觉得这近乎谋杀的事件,对人的生命价值的蔑视和造成的后果何其严重;这种令人发指的事件竟由警察实施,对警察形象的损害何其严重。我很奇怪:办理该案的法官难道看不到这些?

我还遗憾地看到:一些公权力造成的悲剧本来应该成为制度改革的驱动力,但在流浪女死亡事件和李思怡事件之后,只有一些直接责任人受到法律轻缓的追究,却没有制度的革新跟进。

经验一再告诉我们:制度和人的素质没有得到改变,队伍走过场式的整顿,标语口号式的宣导,都无助于改变当前执法中的突出问题。这就是李思怡事件之后我们在通州流浪女死亡事件中又见"冷血者"的原因。

我希望,流浪女死亡事件和李思怡事件能够被人们记住。我所担心的是,这样的事件一旦被人们遗忘,它会再度发生。

衷心希望"有困难找民警",不会变为"有困,难找民警"。

卷四　volume 4

玄都观之叹

刘禹锡有一首被反复吟咏过的诗,诗云:"紫陌红尘拂面来,无人不道看花回。玄都观里桃千树,尽是刘郎去后栽。"其实,这首诗的诗意并不浓,它脍炙人口的原因大概只因其隐含的讽刺意味。其实,撇开它的政治讽刺意义不说,每隔一段时间不闻世事,再闻问的时候,看到短短一段时间内草长莺飞生长出来的新事物,往往也有类似刘禹锡玄都观之叹。

近年来看到短期速成、丛集簇拥生长的一大堆法学院系,便想起刘禹锡的这首诗。这些年来,全国新生法学院系多得惊人,传说全国法学院系已经达到 600 多所,本人不是教育管理部门坐皋比、发号令、提期望的大人,实在也搞不清楚状况,提供不出确切数字给各位看官过目,反正很多就是了;也不知对法学院系多过江中之鲫的现象,是该欢欣鼓舞,弹冠相庆,还是该扼腕顿足,摇头叹息?

遥想本人当年负笈重庆,恰在 20 世纪 80 年代,当时法律院系寥若晨星,举目四望,决无眼花缭乱之感,选择院校时倒也省心省事。当年我所就读的西南政法学院法律系一届招收 400 人,分为 8 个班,已经号称亚洲最大的法律系。在这"亚洲最大的系"里学习,感觉却并不惬意:除外语课等少数课程为小班上课外,其他课程为 100 人的中班上课,更有 200 人的大班上课的壮观场景,已经有"剧场式"上课的模样,很羡慕其他院校每班二三十人上课的温馨场面。如今,"广场式"授课已稀松平常,每班二三十人上课反而成为魂牵梦萦的陈年往事。法学院系也变得无分天南地北、江东水西，无处不有、所见多是了。

类似情况，民国初年也出现过。那时法政学校风起云涌、遍地开设。盖因中国留学日本的人回国很多，他们所学大多是军事和法政，回国后有的便开设学校。由于学习法政乃谋职求官的终南捷径，法政学校便顺势多得不可收拾矣。罗素·葛林云："古典教育的优点在于教导人们轻视那些阻碍人们追求理想的钱财。"然而中国是所有规则的例外，即便是中国古典教育，那也是在于教导人们"书中自有黄金屋，书中自有千钟粟"，为做官发财而研习法律，没啥可惊诧莫名的。

今日之法学院系数量的暴涨，是在学生扩招、学院改名为大学、系改学院、教授满街走、硕士填满校园、博士充斥社会这一凯歌高进教育"大跃进"中的一大现象，令人禁不住联想起当年为"超英赶美"遍地普设土炉大炼钢铁的"激情燃烧"岁月。许多过去的专科性学院升格为大学，添设一些没有的院系，法学一科遂遍地开花了也。有一次我捉报猛读，看到上面报道"上海外国语大学法学院"成立的消息，还以为是编辑眼拙，错将"法语学院"漏排了"语"字，后来见多识广之后，才知道专科性大学已经全面走上综合大学的康庄大路啦，再见到"中国政法大学外国语学院"时，我已经是见惯不惊、气定神闲了也。

法学院系短期内迅猛增加，究竟是好事耶、坏事耶？谨慎的说法当然是有好有坏、喜忧参半了。对于更多的年轻人有更多机会学习法律，这无疑是一件好事。记得一段相声里说，某老太太初次看篮球赛，见一群生猛的小伙子争抢一个篮球，迷惑不解，问曰："为啥不每人发一个球，抢个啥？！"现在给那些高中毕业的小伙子多发了许多法学之球,让他们不必再为上法学院系而拼抢得那么辛苦、那么凶猛,对他们来说无疑是一大福音。

不过,满坑满谷受过"大学教育"或者"研究生教育"的人找工作,却发现当初的福气只洋溢在校园里,这些批发出来的学生在有限的工作机会面前无不痛恨竞争者太多、法学院系数量的暴涨和各大学无限制扩招也。

不仅如此,法学院系的数量似乎也与教学质量、学术水平成反比。迅速成立的法学院系大都缺乏合格的师资,对师资降格以求的结果,是法学院系虽然增多,教学质量和学术水平却大多让人打不起精神。卓泽渊曾言:"一个大学同学满怀忧心而又十分真诚地恳请我,他那从未学习过法学,甚至不知刑事诉讼法学为何物的弟弟就要在某大学执教刑事诉讼法学课程了,希望我能给予一些指点。"他不禁叹道:"法学还是学问吗?法学教育还可以神圣吗?一个从来没有学习过刑事诉讼法学的人,竟然可以给他们高等学校法学专业的学生讲授刑事诉讼法学?……不懂法学的人从事法律工作,虽然禁而未止、有禁难止,但毕竟已经为人们所诟病,所深恶痛绝。在高等法学教育不适当地膨胀的情况下,一些根本没有足够法学教师的高校也办起了法律系。不懂法学的人也从事起法学教育来,不能不令人恐惧。"卓氏此言,虽可振聋发聩,可惜在执意要闭目塞听者那里,如春风吹马耳,没有任何效果。

国人本来好大喜功,教育部门贪大求全的现象又岂能少?这场跃进就有了进行到底之势。世人笑谈:某校欲设法学院,在一次会议上,知情者惊问:"贵校连法学都没有,怎么成立法学院?"该校领导爽朗回答:"怎么没有?!我们有辩证法!"

满座大噱。

爱上学不爱读书

汪辉祖在《佐治药言》一书中介绍自己做幕僚的经验,劝同行读书,云:"幕友佐官为治,实与主人有议论参互之任,遇疑难大事,有必须引经以断者,非读书不可。……每见幕中公暇,往往饮酒围棋,闲谈送日,或以稗官小说消遣自娱。究之无益身心,无关世务,何若屏除一切,读有用之书,以之制事,所裨岂浅鲜哉!"联想现在官员,大多为大学毕业,工作之余却鲜有读书者,令人感叹;更有应酬太多,三天两头醉如饮中八仙者,即便有读书之心,也无此等工夫。

记得有一句让国人泄气的老话:"中国人爱上学不爱读书。"说这话的年代可能已不可考,大概也没什么人知道这话是谁说的,反正听了心里不爽就是了。不爽归不爽,这句话却未必不真。

我们中国人素来重视教育——这不算一句夸大的话。不仅科举时代如此,就是放眼现在也是如此。每个负点责任的家长无不望子成龙,望子成龙的重要途径就是上学,小学、中学到大学一路下来,最终拿到大学文凭,父母心愿得偿,于是三"学"过后尽开颜。高考时考场外那些翘首以待的家长,个个有着充满焦虑和期望的表情,就是中国人重视上学、升学的明证。

与热衷于上学相比,国人读书量在世界排名中却很低。抄几段媒体披露的数字可见一斑:据统计,国人具有阅读习惯的人只有

5%,人均年读书量按地区不同大约为6到10本(本阁下洞察,这个数字似亦高估),人平均每月读书不到1本。在一次调查中,有61%的被调查者称"没有时间"阅读。相比之下,有些国家的国民读书量比我们大得多。资料显示,犹太人人均年读书量为64本;当年苏联人均年读书量为55本;日本人年平均读书量大约在30本左右。作家赵丽宏慨乎其言:"中国人今天的阅读状态,令人堪忧,我们的国民年平均读书的数量,只有欧美发达国家的几十分之一。"

学生不该爱读书吧?也不尽然。据我观察,不要说小学生和中学生了(对他们读书生活的恰当描述是:被老师填塞了几年的教科书与考试资料),就是在校大学生的读书量也不高,而且读的除了教材、考试用书,其他书少得可怜。教师总该读书很多吧?说出来让你跌破眼镜,调查显示:53%的中小学教师平均每天读书不足半小时,有的老师甚至一年不读一本书。至于大学老师,不学无术者也为数不少。

如今大学生被考试套牢——先是英语四、六级过关考,然后是每门课程要考得好以便获得保送读研的"学分基",为求职预备而参加的各种证照考。一路考下来,哪有时间去读考试范围以外的书?校内考试仅限于课堂授课范围,读书太多于成绩无补,学生只专注于教师授课那点内容,无复广泛涉猎以探索学问矣。我国教育本为考试主导型教育(应试教育),教学也有变成快餐性教学的危险:上学无非应付考试,考试通过拿到文凭,文凭到手之后工作,工作之后就不再读书,在这种热爱分数不爱学问的习惯下,各大学成为"制式学生"的养成所。在校期间,学生没有多少精力,也没多大兴趣去阅读教科书以外的人文书籍,造成人文素养缺乏。学生既无读书习惯,把上学当做就业前的跳板,文凭乃一块求职的敲门砖,毕业后当然就不再读书。

不过,读书风气正像其他风气一样,找准原因是可以养成的。近日读到一篇回忆民国时期清华大学之文,言及当时清华学风严谨,课业较重,即便周末,图书馆也人满为患。因为淘汰率高,学生丝毫不敢懈怠。在那时期,学生有时一周要读十几本书,由于考试范围很广,非下工夫读书不足以应付,稍有懈怠,根本无法做论文。钱钟书就读清华之时,曾发誓将图书馆藏书都读一遍,后来人们回忆起他抱一摞书快步走进图书馆,又抱一摞书快步走出图书馆,情景历历在目。当时的学生优秀异常,例如,萧涤非1933年毕业于清华大学研究院之时,所作论文《汉魏六朝乐府文学史》,被誉为定鼎之作,至今无法超越。学生的这种读书风气,使清华大学跻身国内著名大学之列,正应了阿莫斯之言:"一所学院如何,不仅取决于教员,也取决于学生(it is not the faculty of the school which makes it what it is, but the students)。"

那时的学生何以阅读量那么大,原因不难找到,按图索骥,实现一流大学之梦大概也就不那么难了。如今应试教育以及几乎无淘汰的考试办法,弊害就是不容易培养读书的兴趣,也消解了广泛阅读的动力,让人联想起廖燕的一段名言:"自汉、唐、宋历代以来,皆以文取士,而有善有不善。其得法者惟明为然。明制:士惟习四子书,兼通一经,试以八股,号为制义,中式者录之。士以为爵禄所在,日夜竭精蔽神以攻其业。自四书、一经外,咸束高阁,虽图史满前,皆不暇目,以为妨吾之所为,于是天下之书不焚而自焚矣。非焚也,人不复读,与焚书无异也。焚书者欲天下之愚,而人卒不愚,又得恶名。此不焚而人自不暇读。他日爵禄已得,虽稍有涉猎之者,然皆志得意满,无复他及;不然其不遇者亦已颓然就老矣,尚欲何为哉?"当然,拿这段话与现在做对比并非贴切,但那为考试所牵绊,"图史满前,皆不暇目,以为妨吾之所为,于是天下之书不焚而自焚"的状态,谁又说没有几分相似?

诚信不够,听证来凑

成年后感受到各种压力,由这些压力引起的内心焦虑,偶尔会在夜深时将我带回中学考场。黄粱未熟,醒来方知南柯一场。此时真想连呼"谢天谢地"——高考毕竟已经是我二十多年前的经历了。我在想,如果"芳龄"减去20,生在无权无势无大把银两的家庭,我现在面临的将是怎样一个高考?

长期以来,我都以为高考是中国最严格、最干净因而也是最公平的考试,心目中这个神话最近才被无情打破,想不到如今高考舞弊已经严重到"一场烂污"的程度:不但考生可以进行乾坤大挪移,进行国内"高考移民"和国际"高考移民"(一些所谓在华"留学生"本来就是生于斯长于斯的),民族成分也可以因高考而发生变化,身体素质不佳者可以堂而皇之地拥有某级运动员证书,更让人大开眼界的是,各种作弊器材可以带入考场发挥神力,有的考场居然畅所欲抄,监考老师共同参与作弊,为人师表的中学老师甚至会兜售作弊器材,一桩桩一件件令人咋舌的现象,只有想不到,没有做不到的。

从什么时候开始高考变成了脏污的利益共同体市场,不得而知。现在揭露出来的也许不过是冰山一角,但也已足够触目惊心。俗话说"冰冻三尺,非一日之寒",高考一定不是今年才变馊的,那么,谁来追问:哪个最先污染了水源?顺流而下,沿途污染高考河流的,为什么长期得不到整治?

也许，今年可以被命名为高考舞弊话题年，连月来人们对高考舞弊的热议已经盖过了各种媒体对高考"状元"的热炒。几件高考舞弊案被揭露出来，部分作弊者受到惩罚，人们似乎可以称快了，但大家的信心却并没有被重新拾起，连我内心的疑虑也丝毫没有衰减。我看到的是，全方位、系统性的诚信缺失，对于舞弊者，我们的社会给予了太多宽容，多数舞弊者并没有付出高昂代价，也根本达不到以儆效尤的目的。从舞弊案主角之一的高考"状元"受到本校两位老师鼓励、喝彩的报道中，人们可以看到这个社会价值观念的颠倒。

我不相信这位"状元"在民族身份作假事件中全然无辜。生长到17岁，他不可能不知道自己真实的民族成分，作为更改民族成分的"受益者"，他不可能不知道这种更改的目的和意义，他不会不知道这种更改和考试抄袭一样属于作弊行为，在填写报名表等表格"民族"一栏时，也不可能没有他的参与，既然如此，何谈无辜？这就像此前披露的冒他人之名上大学的那位公安局领导之女一样，我们看到的，根本就是"共犯系统"，侈谈无辜无异于是对常识（common sense）的侮辱和嘲弄。

我们这个社会，诚实理应还是一项重要的价值，但我们却到处看到不诚实，我们的社会对于不诚实表达了怎样的宽容，不能不引起警惕。现在不但高考舞弊愈演愈烈，学术剽窃也泛滥成灾，舞弊者、剽窃者获得了所在单位的庇护，有的还得到社会的同情，如今不是正有人呼吁"能不能放过民族成分造假的重庆状元"吗，这种暧昧的宽容与不诚实的泛滥现象难道毫无因果关系？一位曾在北京大学执教的美国教授就中国大学大量存在的抄袭现象尖锐地指出过：剽窃之所以普遍存在并且不断蔓延，根本原因是剽窃行为没有得到过足够严厉的惩罚。高考舞弊行为何尝不是如此?

终于,令人振奋的好消息来了,富有想象力的地方教育主管部门决定用听证方式进行高考加分。据说,将来的高考加分听证会将邀请学生、家长、老师、学者和媒体人士等参与。学生、家长和老师对加分学生的情况最为了解,再加上其他学生家长和媒体监督,相信那些想通过弄虚作假获得加分的考生和家长很难得逞。乍看起来,这个措施的确像一针强心剂,它为高考加分提供了程序公正,但冷静想想,只不过聊胜于无罢了,要想作弊,仍有很大空间。我国已经举行过的一些听证会早就把"听证会"一词弄臭,请一些"友好"学生、家长、老师、学者和媒体人士等参加并不是绝对不能做到的事,比如请同样可以得到加分恩惠的学生、家长相互参加对方的听证会就易如反掌。至于媒体,如果加分学生颇多,听证会接二连三,它们真的会全程陪同,年年乐此不疲?

本来应该检讨的是,加分制度是否有损社会公平正义,然而这并没有放在讨论之列。现在得到不当加分之利的,尽是些有权势、有财帛的家庭。官宦人家、富豪人家、肯咬牙花钱的小民,都可以凭借财帛权势得到他们不应得到的东西,这个过程也必然使他人丧失理应得到的东西。英国学者米尔恩曾言:"公正,就'各得其所应得'这种最初的形式而言,是任何共同体的基本道德原则。……有一种东西总是每个成员彼此应得到的和应给予的,而不论共同体特定的文化和价值观如何,这就是公平对待。"戴维·米勒在《社会正义原则》一书中也指出:"当制度得体的时候,应得的标准就得到确立,而当人们得到根据这些标准该得的东西时,正义就实现了。"我们是否也该审视一下越来越泛滥的高考加分的做法是否有损于"各得其所应得"的原则?

我认为,在同等成绩之下,由录取单位优先录取少数民族学生、体育或者文艺特长生,无可厚非;一些大学愿意录取成绩低于其他考生但同样达到了本校最低录取分数线的特长生,也由它们自便,但民族成分是民族成分,特长是特长,录取时可以作为成绩以外的因素考虑,但考试成绩就是考试成绩,打酱油的钱不能买醋,何必打破考试成绩搞所谓加分?何况,一些大学有自主招生权力,招收的还不主要是特长生?

值得注意的是,当前有一种倾向愈演愈烈,那就是把上大学、读研究生当做一种福利,比如保送奥运冠军上大学之类,这类做法惠及范围有扩大趋势,甚至出现受到入室强暴的两名女大学生被保送读研究生的新闻,简直把受教育当做一种慰安手段来使用。教育究竟是为了什么,大学应当怎样依自己独立的标准择天下英才而教育之,在我们的教育机会的平等出现严重问题、高考舞弊者啸聚一方,入学机会福利化、高等学校都三闾大学化的今天,是不是也该认真思考一下?

至于更为严重的诚信危机问题,窃以为,早就该怵惕警醒,从根本上加以整治了。小小的听证会,只怕难以承载如此之重的负担吧?

怎教那考试舞弊一旦休

高考素以公平而严格著称,近年来却连爆舞弊丑闻,真让我等天真烂漫之士闻之如丧考妣,对"天下第一考"的信念一时间地动山摇。今年高考算是风平浪静,顺利通关,没有让大家把眼镜再次跌碎一地。孰料按下葫芦飘起瓢,虽然高考无恙,大学四、六级考试又出了娄子,在白山黑水之地、黑龙翻江之省爆出大规模作弊丑闻,许多学校、大量学生牵涉其中,媒体惊呼考试作弊呈产业化态势,各种技术手段应用其中,打小抄也"科学发展"了。

我总觉得国人聪明异常,似乎民族性中总有点机巧的成分,又兼没有养成守规矩、守法的习惯,常因偷奸耍滑而造成诚信危机。一遇到利益攸关的大事,常有人不肯下笨功夫、苦功夫,思忖投机取巧并毫无羞耻勇于实行。一人一事如此不端也就罢了,有时竟成为一种风气,让正义之士头发上指,目眦尽裂。四、六级舞弊大案让我们又一次开了眼界。

若论考试舞弊,原本无足为怪,君不见舞弊常与考试相随,自古皆然?我国乃考试大国,世间考试有两大模式存焉,英国之外,中国居其一。中国式考试即笔试,在限定时间内考生以笔答方式答题或者写成文章等,根据卷面回答问题的优劣或者文章、创作给出分数,或者评出等级;英国式考试即面试,数名官员与考生面对面,向考生提出问题,考生当面作出回答,根据考生回答给出分数,或者评出等级。在我国,考试方法若是笔试,就有对付笔试的一套作弊方法,如夹带——将文章藏在衣服鞋袜内,甚至密写在衣服、身体以及随身物品之上。此外,贿买考官和请人代考也是常见伎俩,早有人动过脑筋。

不过,古代科举考试作弊,并非小过,属于犯行重大,后果严重。这是因为科举考试是古之"国考",谋职做官、英雄入彀的主要途径也,高中者成为"天子门生"。倘若考试舞弊,不但破坏国家选贤任能的法度,也是欺君罔上的劣行,罪名不小,惩罚也重,不可等闲视之。

李渔《怜香伴》中有"搜挟"一折,道的是京畿御史,奉旨临场监考,为免鱼龙混入,真伪兼收,吩咐军校务要加严,对考生进行搜检,所谓"整肃衣冠伸士气,兴利除弊报君恩"。搜到第四个举子臀后之时,众军校惊呼"这个相公是有尾巴的",仔细搜来,原来是一卷文字藏在粪门中,因军校呐喊声喧,吓出屁来,将挟带文卷脱出在外,弄得科场现形。那搜得的文卷臭气逼人,让御史当场掩鼻呕唾。御史见搜检有弊,叫左右扯下去,重责五十板,取大枷伺候,枷在贡院门前等科场完了发落,御史还骂道:"你这冒衣冠的禽兽当诛,劫文章的盗贼难容!"这里讲的便是挟带。

吴敬梓《儒林外史》述匡超人劣迹,谈到他与人代考,在潘三安排下,戴一顶高黑帽,穿一件青布夹服,混进科场,与童生金跃换了衣服,捧卷归号代他做了文章,交卷出去,回到下处,神鬼也不知觉,发案时候,金跃高中了,匡超人收了二百两银子作为笔资。后来潘三下狱,罪状之一便是"勾串提学衙门,买嘱枪手代考",匡超人闻讯"不觉嗖的一声,魂从顶门出去了",赶紧逃离是非地,一溜烟跑到京城去了。要不是他得到消息早,难免牢狱之灾。

至于考官纳贿舞弊,就更严重,一经发现,行贿者与受贿者都可能被处死。萧一山曾指出:"科场舞弊,无代蔑有。唐时通榜之法,士大夫公然行之,不以为疑。及糊名易书之制行,此等事遂不多见。清初贪婪之风甚盛,故学政主考,亦多纳贿行私,罔顾政府取士之意,康熙时因此而得罪者甚多。最著者,如顺天之试狱,江南之试狱。"康熙三十八年(1699年),顺天乡试,正副主考贿嘱公行,所中童稚甚多,物议沸腾,皇帝震怒,严议其罪,一人老病死于狱中,一人遣戍。在江南科场舞弊案中,副主考官受贿,士子哗然,抬了神像到府学示威,后来将赵晋等5人斩首,处罚更为严厉。

当前之考试弊案,技术比古时高明多了,真可傲睨先人,厚今薄古;但处罚与那时比却无足道哉,宽贷如纵,令人生思古之幽情。然而闻弊案而士人群情激奋则一,对世道人心之败坏无二。要拯救国家与社会之诚信,对国家重要考试中的舞弊是否也该来点严刑峻罚,对平时一般考试也该做到严惩不贷?

此一疑问,待有道者思之忖之。

"犀利哥"的意外走红

每一种职业大概都有一种职业敏感。街头巷尾为人修鞋的业者看到有人走过来,往往先看那人的鞋,然后才目光上移——看那人的脸。街头摄影者也有自己的职业敏感,抓拍熙攘生活中哪一个人、这个人的哪一个瞬间,是经过一番职业判断的。有人在街上抓拍,看见了"犀利哥"。

"犀利哥"并不叫"犀利哥",和别人一样,有名有姓,后来人们才知道他的真实姓名。当时他流浪街头,穿得乱七八糟,被"流浪网络"的一大帮人盛赞为"混搭"得很有格调,特别是被抓拍下来的那一瞬间,"犀利哥"目光向左侧一移转,够犀利,于是"犀利哥"立即走红网络,声名鹊起。

"犀利哥"的娱乐价值在于强大的反差感,一个街头流浪汉竟以一种很酷的形象"横空出世",大家觉得他"混搭"的衣着和熔岩浆般的长乱发型与日本等国耀眼新潮的某些明星的发型和衣着风格出奇的一致,"犀利哥"也让人联想起卡通漫画里那些夸张的潮人形象。一个有趣的对比是,同样是网络娱乐人物,"犀利哥"与"芙蓉姐姐"不同,他是在自己并不知情的情况下"被娱乐"的,"芙蓉姐姐"是搔首弄姿主动邀宠的。

看"犀利哥"成为网络狂欢的对象,想起维克多·雨果《巴黎圣母院》里的加西莫多。一样曾被娱乐化,被娱乐的加西莫多对那些狂欢的人群有的是恐惧和怨恨。"犀利哥"当然没有加西莫多那么惨,但在被迫成为大家娱乐对象方面却可有一比。记者最初找到"犀利哥"时,他尚不知自己在网上蹿红,初闻之时充满恐惧。将照片上网供大家"欣赏"的时候,没有人去征求"犀利哥"的意见,"犀利哥"有没有被冒犯感?有没有卑微的资格声明自己被冒犯?

网上初识"犀利哥",真为他不平。他不过是挣扎在社会最底层的流浪行乞者,被无聊之士拍下照片,上载到网络,成为更多无聊之士娱乐的对象。不但此也,他的形象还被美国、日本等国一些媒体注意到,成为这些媒体议论的对象。连香港老帅哥刘德华也对"犀利哥"大表艳羡,特别提到"犀利哥"那条红腰带,实在有型得不得了。当大家为这样一个草根以下的"娱乐人物"欢腾的时候,没有人再去注意一个在城市最底层浮沉可能有的愁苦辛酸。

"犀利哥"成为网络红人,与他长久失掉联系的家人,就此发现他的下落,失散的家人重新团聚,算是给这件事增添了一点令人欣慰的亮色。"犀利哥"结束流浪,浴身革面,剪去长发,着装也变得一如常人,却也因此失去了吸引眼球的娱乐性,让许多网民大失所望。

"犀利哥"走红,让人想起尼尔·波兹曼的《娱乐致死》,当一切都娱乐化的时候,"人们对于这个世界就不会有任何置疑,对于自然真实的东西就会变得熟视无睹"。一个人长时间,日复一日坐在电脑前,常常感到寂寞、孤独与无聊,沉湎于网络的男男女女需要不断的刺激才能使他们摆脱网络生活带来的麻木,无数人加入这类网络狂欢,这本身就意味着空虚无聊。当大众偶像——那些娱乐明星——让人感到审美疲劳的时候,就在社会底层的流浪者中炮制一个,让大家萎靡不振的精神 rush(冲动)一下。当流浪者没有锦衣华服而只能有什么就胡乱穿什么的时候,人们看到的不是凄怆,感到的不是悲悯,而是赏心悦目。尼尔·波兹曼曾经提出疑问:"当严肃的话语变成了玩笑,我们该向谁抱怨,该用什么样的语气抱怨?对于一个因为大笑过度而体力衰竭的文化,我们能有什么救命良方?"面对"犀利哥"被娱乐,我们该问的也许是:维克多·雨果和狄更斯作品里的人文精神在我们的网络世界真的丧失殆尽了吗?

赫胥黎在《美丽新世界》中说过一句耐人寻味的话,也是尼尔·波兹曼再次提醒我们的,值得再三玩味:"人们感到痛苦的不是他们用笑声代替了思考,而是他们不知道自己为什么笑以及为什么不再思考。"但是,有多少人会为此感觉到痛苦?

学术界里风风雨雨

艾·帕·赫伯特曾云:有学问的人眼睛看着香肠,心里却想着毕加索。

我不怀疑有这样的学者,这证明我的理智还正常;我也不相信所有的学者都如此,甚至多数学者都如此,同样证明我的理智还正常。

一年来,各种媒体披露学界多少光怪陆离的事件,足以证明这样一个简单事实:学界是一大名利场,就像自古以来的官场一样,其间许多荣耀的职位、可敬的声名是通过不荣耀、不可敬的手段获得的。在这些手段中,最容易留下把柄进而把自己弄得灰头土脸、斯文扫地的,是学术不诚实——说得明白些,就是剽窃。

剽窃最容易识破,这是因为玩这套把戏的,都留下了书证。这就是为什么学术圈是是非非又一年,曝光最多的是这一类丑闻。

媒体披露这些剽窃事件,让聚光灯照射那些为人师者,让学界看清自己的"一场烂污",让学术规范化的呼声一波又一波高涨,形成鼎沸的舆论,让学界有所自省,有所改善,让学界恢复它曾有和应有的宁静与尊严。

有人说,学者乃学问之大敌。这话说得很妙。学问离不开学者,但学者党同伐异、压抑学术竞争、制造学术垄断、争名逐利,不但于真学问无益反而有害。我国学者之多,真如过江之鲫,学术创新之难,却如唐僧取经。大家既不能以短平快的方式获得真经,又不甘于寂寞,使眼睛盯着香肠,阮囊羞涩,心里只能想想毕加索,在垃圾学术能够带来与真学问同样的地位、名誉的时候,大量制造垃圾学术的现象就不值得大惊小怪了。

学术圈是是非非的一年,新闻不断,这些新闻还有两类:一类是现行教育制度存在的沉疴,这些被认为"患了病"的教育制度若不受到挑战,其弊端也许长期得不到祛除;一类涉及社会公平的实现,如甘德怀事件就涉及决定一个人命运的研究生入学复试的公平性,北京大学法学院教授在课堂上公开激烈抨击自考生考入北京大学读研究生,也引发了社会对于歧视问题的广泛议论。

我们的社会从来没有失去正义的力量和呼声,媒体和勇于揭露学界不良现象的个人显示了自己的道德勇气。

在学界的水源受到严重污染的时候,媒体发挥着明矾功能。新闻媒体为学界描绘了一幅画像,学界若揽镜自鉴,会发现不知从何时起自己的形象变得如此不堪,若能就此汲水自净,学界清明之日或许可以早些到来。

也许我们的学术在最终规范化之前,要走过有许多乱象的时期。有人喜欢引用狄更斯的话,称我们的时代是最好的时代也是最坏的时代,从学术圈的"法律人"与"法律事"的诸多新闻事件本身和对这些事件的媒体报道,体会"最好的"与"最坏的"这一对矛盾的形容词,当会感到颇耐咀嚼。

动机论怎样模糊了焦点

人在什么情况下会丢三落四？答案是·注意力转移。

譬如在下出租车前争着付款，就容易将随身携带的东西遗忘在车上，原因是注意力在付费上，无暇他顾。

注意力被转移的现象，有这样一道心理测试题可以验证："你是一名出租车司机，你的汽车是黄黑色的，已经用了 7 年。一块挡风玻璃上的雨刷已坏，汽化器也需要修理。油箱可装 20 加仑汽油，但此时只装了 3/4。汽车司机有多大岁数？"答案是："你的年龄"就是指"司机的年龄"。一般人都猜不到这个答案，因为注意力被转移到车龄、汽化器、雨刷和油箱上去了，完全忽略了题中第一句话"你是一名出租车司机"①。

社会生活中，转移注意力的例子很多。有些事件是丑闻，被公之于众之后成为公共事件，世所瞩目，丑闻主角常常使用转移公众注意力而使事件焦点变模糊的手法，有时未必是自觉运用这一策略，完全是无意得之，无师自通。

最近浙江大学由院士牵头的一个课题组多篇论文涉嫌造假，成为公众瞩目的事件。报载，2008 年 5 月，德国《NSA 药理学》杂志刊登以 Haibo He(贺海波)为第一作者的文章《丹酚酸 B 和贝尔

---

① 〔美〕马丁·加德纳：《啊哈！灵机一动》，白英彩、崔良沂译，上海科学技术文献出版社 1981 年版，第 139 页。

普力对小鼠慢性心肌梗塞心脏保护作用的比较》,其他作者包括Limao Wu(吴理茂)、Lianda Li(李连达)。另一份波兰杂志《药理学通报》的2008年第60卷上,一篇《丹酚酸B和贝尔普力对小鼠大面积心肌梗塞心脏保护作用的比较》,作者依次为:Hai-Bo He(贺海波)、Li-Mao Wu(吴理茂)、Lian-Da Li(李连达)等6人。署名方式虽略有不同,但贺海波之外皆有李连达无疑。两个完全不同的实验,实验数据却高度一致,大有造假嫌疑。迄今为止,已发现李连达课题组涉嫌学术不端的论文14篇,这些论文被证实数据抄袭、一稿多投。这些论文的作者中,赫然列有中国工程院院士、浙江大学药学院院长李连达及其课题组主要成员的名字。丑闻一出,舆论哗然。浙江大学出面缓颊,称造假系贺海波个人行为,与院士无关。院士与这些论文是否有关,虽有浙江大学出面澄清,但社会质疑之声仍未稍歇。75岁的李连达院士接受记者采访,进行自清。他坦承"要承担疏于管理的责任",但提出"问题的性质绝对不是外界所说的'参与剽窃'或'集体造假'"。李连达自称英语基础不好,平时阅读外文刊物的时间不多,2008年10月在美国参加会议期间接到国内电话,才知此事。他的解释颇近情理,"对我来说,多发表几篇论文一点好处也没有,对年轻人评职称可能还有用,论文带上院士的名字,提高身价,更容易发表。论文署名用的是拼音,是贺海波发表时模仿我的笔迹签的"。

这个事件的焦点是造假本身以及谁应当承担造假责任、造假者应当得到什么样的教训,这个问题还没有完全调查清楚,公众注意力就被转移了:李连达院士指控揭发人祝国光的举报是一家大型药物生产公司指使的报复行为,理由是祝国光担任该公司的顾问。按照这一指控,揭发学术造假者动机卑下,属于恶意报复,而且乌鸦之所以骂猪黑,是因为先被揭露了自己的黑——院士即将发表的研究成果表明该公司主打产品——复方丹参滴丸有效成分低,疗效差,存在严重副作用。不过,该药物生产公司随即发表声明:祝国光教授揭露学术造假的正当行为,属自主行为,与该公司无关。其实,祝国光因何揭发贺海波论文造假,与造假事件本身并无关系,即使真如李院士所言,祝国光受该药物生产公司指使,该公司又是恶意报复,这种动机丝毫不能在实质上降低论文造假的严重性,也不能减轻院士在其中承担的责任,对揭发者的动机提出质疑,只有一个作用:让动机模糊是非。

我倒不是说李院士有意为之,但这一质疑动机的做法,的确容易让公众注意力转移到复方丹参滴丸有效成分低、疗效差和副作用以及举报人的动机上,论文造假就可能淡出公众视野。一个事件的是非就这样被动机论模糊了。

这种动机模糊是非的情况,在中国政法大学金仁淑事件中也曾出现。在那起事件中,杨帆与金仁淑的个人恩怨不断搅扰着人们对涉嫌抄袭事件本身的关注,政法大学各打五十大板的处理,正是恩怨是非没有剖清的表现。殊不知恩怨是恩怨,是非是是非,不能让恩怨模糊了是否抄袭、抄袭者应承担什么责任这一事件的焦点。如今此事悄然平息,正是校方将一个是非鲜明的事件刻意加以模糊的结果。

鲁迅所谓"捣鬼有术,亦有效,然而有限,所以以此成大事者,古来无有",说的正是这个道理。

用转移注意力的办法模糊事件的焦点,恰如魔术,不知者被愚弄,一旦知其奥秘,再好的魔术师也无法施展矣。好在现在明眼人为数不少,到网上散散步,就知道太阳之下,巨细靡遗,都有人洞察。

PART 2
热 集

有脍炙于此,一人曰咸,一人曰酸,一人曰淡,一人曰辛,一人曰精,一人曰粗,一人曰生,一人曰熟,一人曰适口,未知谁是。

——吕坤

卷五 volume 5

晒几本读过的好书

从事粉(粉笔)墨(黑板)生涯,总自觉不自觉地有点"好为人师";执鞭(教鞭)有年,还会产生一种错觉,以为天下学问有一石,自己就占了八斗,上知天文,下晓地理,中通人和,膨胀之余,什么都敢说,什么都敢讲,哪个领域都敢置喙,真觉得未出茅庐先定了三分天下。不过,本人还没修炼到这个半人半妖甚至非人是妖的火候,有时忽然被人拦下喝问有何应读之书推荐一下,不免惊出一身冷汗或者热汗,支支吾吾,窘态万状。盖因谈到读书,我是绝对的林语堂主义者,认为除非应付考试,大可凭兴趣读书。

近日受邀就法律人应该读什么书拉个清单,免不了又是一番踌躇。要是论证法律人应当读书或者介绍我近来在读什么书,事情要好办一点。从书海中打捞起 10 本书,对法律人咆哮曰"这是你们必须完成的功课",实在有点难度,何况书山学海那么多书,我自己还迷航呢,怎么能作仙人指路状而不心怀忐忑? 我想,还是推荐 10 本自己觉得值得一读的书供各位法律人参考,这些只是法律人可读之书,并非必读之书,有了这几句告白,我的心可就踏实多了。

《法律人,你为什么不争气》

这题目让人联想起龙应台的杂文《中国人,你为什么不生气》。龙应台 20 年前的这篇文章指斥国人懦弱自私,振聋发聩,至今余音袅袅。《法律人,你为什么不争气》对法律人也应起到这种棒喝作用,只要法律人在做官、挣钱、码字之暇,能够拎起这本书仔细读一下。该书由台湾地区陈长文、罗志强合著,实际上是主题一以贯之的文集。作者立足于台湾地区的司法现实,对法律人的丑陋面有着鞭辟入里的分析和批判,解答了为什么法律人占据了政治要津却辜负民众期望的原因,以及律师、检察官、法官的现状,提出劣质司法人员应有淘汰机制的诉求。我曾听过陈长文先生一次简短讲演,语言之美,沁人心脾。本书文字也有这样的特点,读来真觉惬意。我国大陆近来对法律人的职业品德也有所重视,据说司法考试要加大职业道德题目的比重,不知确切与否。不过,法律人的品德哪里是这种考试考得出来的呢?读读《法律人,你为什么不争气》,也许成效倒还大些。

《看不见的法律》

日常生活中观看、注视、怒视、排队、插队、闲聊,谁曾将它们与法律联系在一起进行研究?美国的迈克尔·瑞斯曼教授并没有把精力倾注于国家、民族的大义之下,而是放下身段去研究生活中复杂细微而难以察觉的"微观法律规则",形成别开生面的学术成果。本书耗费了瑞斯曼教授近20年的心血,真令我等厕身学林之辈惊破苦胆。这本书严格遵守学术规范,但又不同于那些高头讲章,因为和社会生活贴得如此接近,读来兴趣盎然。一本区区221页的书,素雅地摆在那里,让书架上那些你抄我来我抄你的"宏大叙事"之作黯然失色。这本书让人想起曾被视为迂腐的话:"世事洞明皆学问。"

《恶》

有善必有恶,反过来也是一样。按照《圣经》的说法,上帝对人类的始祖本来的期望是无善无恶、不分善恶,但吃了善恶树上的苹果以后,善与恶就像天和地一样被分开了。人类便有了原罪,恶也就成了人类不能摆脱的梦魇。恶,在人类的精神和行为中无时不在,但人类为什么会有恶,有的人甚至罪大恶极、万恶滔天,罗伊·F.鲍迈斯特尔的《恶》一书就力图给出一个因果性的回答。法律本身就是人类不完美或者存在恶的结果,因此这本书对于我们思考法律所要面对的人、政府与社会的恶,乃至思考法律人、司法自身存在的恶以及恶的根源,实在是不可多得之作。本人在思考刑讯逼供现象之时,颇受益了这本书关于"目的证明手段"、"伤害他人是何感受"、"信任与责任"等问题的论述。

《乌合之众》

法国人勒庞的书是我的钟爱。我最早读到的他的书,是1926年由上海商务印书馆出版的《政治心理》,这本书对于法律人常有的"法律万能"的幻想,加以摧毁,指出"吾人历史之中,受法律之害,不知凡几",该书还列举"法律祸"之种种表现,当然不是主张要弃绝法律,而是提醒法律功能的局限性,某些立法还会起到与立法者初衷相反的效果。读书至此,对勒庞肃然起敬,以后遇到他的著作,便多留意几分。《乌合之众》是勒庞另一本著作,该书有一个副标题"大众心理研究"。大概是因法国人在大革命中深受"多数人的暴政"之苦,对于群众心理有着深刻的见解。我国对于群众的高度信任,反而对于群众的反理性及其祸害缺乏警惕,《乌合之众》正好可以为我们补上这一课。该书第三卷直接论及犯罪群体和刑事案件的陪审团,对于法律人思考民众参与司法等制度具有启发作用。此书1923年已有中译本,书名为《群众》,序言中称原书名为"原群",并介绍群学为西方晚近的学科,云云。

《专业主义》

前几年不少人论述法官的职业化,我觉得这是个错误的口号。法官职业化给人一个错觉,以为法官还不是个职业,应当把它变成一个职业。其实,这里所说的职业化,是"专业化"之误。"法官职业化"应当改称"法官专业化"。谈到专业,不能不提及日本管理学家大前研一先生的《专业主义》一书。该书日文本上市两周,即售出15万册。该书中译本在2006年由我国台湾地区天下文化出版公司出版,这本谈商论管的书,一经出版,不仅台湾地区商界人士趋之若鹜,法律界也颇有瞩目者。我国大陆中信出版社出版了该书的另一中译本,珠海出版社也出版了一种中译本,可见此书受欢迎的程度。大前研一谈到的"专业",不同于人们习见习闻所谓"专家"。在他看来,专门从事某一行业或者具有某种身份资格,并不足以称为专家,"专家已无法再根据职业的种类而定义。有专业的医生和律师,也有只通过国家资格认证的徒有虚名的医生和律师。反过来说,资格只不过是一张纸片而已,如果不成为真正的专家,便如'脚底的米粒',捡起来也不能吃"。大前研一信心满满地宣称:每人皆可成为专家。他提醒说:要做到足够专业,就必须笃守终生学习的法则。参照大前研一提供的标准,可以这样认为:法律界专家或曰司法专业人士应当具有司法理性,能够控制自己的情感,本着理性和良心处理案件,他们精通法律知识,熟谙司法技能,具有较强的伦理观念,将正义放在第一位,严格遵守法纪,诚挚地服务于民众,为他们提供对正义需求的满足,具有永不消亡的好奇心和进取心。以这样的标准衡量,我们的司法人员队伍还不够"专业",这是应当引起重视的普遍现象。

《修辞学·亚历山大修辞学·论诗》

对于亚里士多德的著作,我国法律人知悉和重视的,是《政治学》和《尼各马科伦理学》。对于《修辞学》和《亚历山大修辞学》,重视程度要逊色多了。事实上,修辞学并没有成为我国法律人和政治人重视、娴熟掌握和灵活运用的一门学问。我们见惯了语言乏味的演说,充满大话、套话和官腔的讲话,这恰恰是修辞学在我国政治、法律以及其他领域式微的结果。不过,长期以来,我们似乎也形成了自己的一套"修辞学",近日有人批评官场四种不良风气——抄袭、浮华、媚俗和攀比,谓"在某些机关形成了一种官话陋习,一些领导干部信奉官话套话为'护身符',开口闭口都是'必须'、'坚决'、'一定要'、'着力解决'、'认真贯彻'、'坚决执行'等态度坚定的词汇,而事实上他们对这些词语的深刻内涵却未必了解,只不过是拿来装潢门面而已"。如果官场打破封闭,引入竞争机制,这种充满套话、官话陋习的讲话,恐怕是吸收不到多少选票的,在竞争上岗过程中,竞争者令人印象深刻的讲演一定有着修辞学的功效在里面。西方修辞学很发达,历史上许多激动人心的讲演以及这些讲演推动的历史,不啻为修辞学的胜利。要让我们讲话时齿颊留芳,就从读一读亚里士多德的《修辞学》和《亚历山大修辞学》开始吧。

《虽然他们是无辜的》

操持刑事司法权力的法律人,至少要读过一本探讨冤错案件的书,这种要求当然不算过分。谢天谢地,中文读物中这类书并不少,诸如《错案》、《还你清白》、《美国八大冤假错案》,等等,并不难找。此外,如《胡耀邦与平反冤假错案》等国内作者的著作,也具有一读再读的价值。《虽然他们是无辜的》是由两名美国教授合著的探讨冤错案件的书,是作者30年来对误判问题进行研究的成果的呈现。本书列举了很多冤错案件,深入探讨了这些冤错案件产生的原因。作者在书中感叹:"在这本书的有限篇幅中所探讨的错误、失当和悲剧,只涉及全美刑事司法系统的一些浅表现象。书中有些事件是我们从接近湮没的状态下挽救回来的,不过,尽管我们的研究时常别开生面,我们同时也知道自己的研究远非问题的全部。还有数以百计的司法过失,它们中间所反映出来的荒谬程度跟我们所揭发出来的案件同样严重,我们可以肯定地说,这些案件确实存在重新调查的必要。还有成百上千个群体案件,它们已经完全流失到了我们的视野之外,我们再也无法得知那些被告是否得到了公正的对待。"美国司法误判的原因,未尝不会成为我国司法错误的原因,读美国人对本国错误裁判案件的介绍和分析,是为了减少我国发生同样错误的几率。据我观察,我国法律人对于司法错误的发生率之高是缺乏应有的警惕的,过去的司法惯性仍然有效地支配着我们的司法活动,错案隐患也就埋伏在那些司法惯性里,已经到了该怵惕警醒的时候了。

《自然政治论》

要是在古典著作中为法律人选出一部书,很多人会选择《联邦党人文集》或者《论美国的民主》。我青睐于贝卡里亚的《论犯罪与刑罚》和霍尔巴赫(1723—1789)的《自然政治论》。对于《论犯罪与刑罚》,人们谈得太多了,这里不妨谈谈《自然政治论》。《自然政治论》的全名是《自然政治论或治国的正确原则》,于1773年在荷兰阿姆斯特丹首次出版。"自然政治"这个词要是让你联想到"自然法",证明你足够聪明和有见识。的确,霍尔巴赫就是从"自然法"的概念出发,形成自己一系列自然政治观点。在这本书中,霍尔巴赫论社会、论政府、论统治者、论自由、论专制和暴政、鞭辟入里。霍尔巴赫是狄德罗主编的《百科全书》的主要撰稿人,通过本书可以窥见《百科全书》的内容和文字风格的一斑。我读霍尔巴赫,读到"哪里没有自由,哪里就没有祖国"。读到"在自由被无限权力恣意消灭了的国家里,大多数人既无休息,又无安全,更无幸福。只有在自由占统治地位的地方,社会才能强盛,也只有在那里,人们才有祖国"。联想到在没有自由的奴役的社会,人们会选择逃离家园。曹刿论战,曾讲过这个道理。看到霍尔巴赫用最直白的语言讲出来,惊诧不已。

《论经济"奇迹"》

去年,一部《大国崛起》的电视政论片受到好评和热议。其实,此前探讨大国崛起的论著很多,只不过没有引起轰动而已。"纸老虎"不敌"电(视)老虎"影响大,由此可见一斑。在这些著述中,我独爱法国人阿兰·佩雷菲特的《论经济"奇迹"》,此书篇幅不算大,翻译成中文不过接近19万字而已。该书就国家发达的规律进行分析,指出在国家发展中确实存在"奇迹"性的发展现象,佩雷菲特重点分析了荷兰"奇迹"、英国"奇迹"、日本"奇迹",从中寻找这些国家起飞的原因。我印象最深的,是对日本"见贤思齐"的群体性格的描述,日本人善于模仿是举世闻名的,品托火枪被仿造的事例,在我读来真觉震撼。这本书对于打开我国法律人封闭的心灵大有好处,佩雷菲特对中国十分熟悉,这本书简直就是为中国人写的。谈到中国时,他说:"中国陷入沉睡状态并非是汉族与生俱来的。知识的、政治的、体制的和社会的压抑日积月累和连锁反应,使中国倒退或瘫痪。在这些连锁反应的背后,在每一环节上,人们都可以既受条件约束又自由的选择。"佩雷菲特最后劝告中国人:

"一个富于创新精神和自豪感的民族,应当打开自身蕴藏的丰富资源。"

《学术责任》

"法律人"包含法官、检察官、律师、法学者等人群。前三类人都或多或少与学术曾经发生、正在发生或者将来会发生点关系。法学者更是吃学术这碗饭,与学术结了亲似的分不开。不过,无论与学术或亲或疏,既然与学术沾上点边,对于学术责任有清楚的了解就有必要。我在学校腐读那么多年书,还从来没听到一次课讲到学术责任和学术规范,及至读到唐纳德·肯尼迪《学术责任》一书,拿到博士学位已经两年,学术这潭水已经没了脚踝了。《学术责任》是肯尼迪《Academic Duty》一书在我国大陆的中译本,仅从目录看,不如台湾地区翻译的《学术这一行》醒目。国内很缺乏这类书,学术不规范也不懂得该怎么规范,与此不无关系。对于学术有兴趣的法律人,读一读《学术责任》,有助于培养一种意识:少炮制些垃圾。

罗列至此,心里觉得对很多很好的书有失敬爱。这里罗列的书,绝非最好的,也不是法律人非读不可的,这些不过是可读、读了不会觉得浪费生命的好书,或者谦卑一点说,是我近来喜欢的书而已。

其实,对于书完全可以自主选择。一般地说,开卷总归是有益的,在开列这个书单时,想起我喜欢的俄罗斯作家索洛乌欣的一句话:"读一些书的时候,我校正了我的语言。读另外一些书的时候,我校正了我的公民良知。"对于法律人来说,"校正"语言是重要的,"校正"公民良知尤其重要。

要达到这样的效果,读书。

白马到底非马

公孙龙说过一句话:白马非马。

起初听到这句话,觉得荒唐可哂。多年以后才知道,许多荒唐话,其实并不荒唐,没准儿还真道出了事物的本质,可以作为批判的利器或者分析的工具——在某些情况下,"白马"的确非马。

在那"充满激情"的岁月,大批判有一种论辩套路,就是在某一名词前,把"资产阶级"、"资本主义"和"无产阶级"、"社会主义"冠作定语,然后对那个名词展开肯定或否定。简单说,就是什么都要问姓"资"姓"社"。这一套路依循的便是"白马非马"的逻辑。

这种例子太多了,手边正好有《批判王世杰、钱端升著比较宪法》(初稿)宏文,这是 1958 年北京政法学院国家法教研室的 6 位教员和二、三、四年级的 11 名学生"遵循党的指示,贯彻了群众路线的原则"撰写的,该文是那个时代大批判逻辑学和修辞学的典型文本,方便取例,试举一二:

钱端升在《比较宪法》一书中阐述"个人自由为个人发展人格所必需","欲求社会全体进化,实不能不给一切人以各种自由"。这里的"个人自由"与"人格"是没有依后来的时代习惯冠以"资"或"社"的政治标签的,也就是在"马"前没有冠以"黑"、"白"、"枣红"之类标签,说的就是"马"。新时代的批判者将这些标签贴上,在他们眼中,根本没有"马",只有"白马"、"红马"。批判文中说道:"在有阶级和阶级斗争的社会里,有了少数剥削者阶级剥削广大劳动人民的自由,就没有广大劳动人民不受剥削的自由;反之,劳动人民掌握了政权,有了人民的、广泛而又真实的自由,也就不会有资产阶级继续剥削和压迫人民的自由。在阶级社会中,衡量一个国家民主、自由的标准,不是绝对的,即非'一切人'的观念出发,而是看这个国家的自由为大多数人所享有,或是为少数人所享有?"至于"人格",也是要依"阶级"划界的:"在阶级社会里,一切的人都是作为阶级的人而存在,人的社会本质,即所谓人格,就是由人的阶级地位所决定的,由于人们在社会中社会地位的不同,所以,他们的社会本质也不一样。在资本主义社会,资产阶级处于占有机器、厂房、矿山等生产手段及全部生产品,以及剥削无产阶级剩余劳动的地位,依靠工人阶级所创造的剩余价值维持其腐化生活。于是,在这一基础上产生和成长起来的、资产阶级的'人格'和'优性',只能是资产阶级的寄生性、腐朽性、损人利己和唯利是图等个人主义的'人格'。而工人阶级被剥夺了一切生产资料,只靠出卖劳动力以维持生活,他们彼此间自然无利害关系之冲突,同时由于大机器的协作生产和细致分工,养成了他们团结互助、大公无私、反对剥削和压迫、高度的组织性和纪律性等革命的性格,这就是工人阶级的优越性和人格。"这篇文章指责钱端升笔下的"马"即"白马":"钱端升所谓'个人自由为个人发展所必需',实际上就是发展资产阶级的'人格',发展资产阶级的经济垄断和独裁垄断。而所谓'社会全体进化',实际上就是为发展资本主义,并使其万恶制度'永久保持'下来服务的。而工人阶级和劳动人民的人格是根本得不到发展的。相反,资产阶级的人格越发展,则工人阶级就被压迫和被残害得更深、更严酷。"

钱端升在《比较宪法》一书中提到"法治"时说:"在近代法治

国家中,国家对于人民,非依既存的法律,便不能有所举措;国家若要人民履行任何义务,尤不能不根据一种既存的法律。"大批判者又进行阶级划分:"社会主义国家的法律是代表广大劳动人民利益的,所以人民能自觉地遵守法律,并且懂得如何使用它来对付阶级敌人实行专政。只有在这里,才存在真正的法治。但是法治决不是为了束缚人民的手脚的,它是一种工具,而且仅仅是一种工具。"相反,"英美等资本主义国家的'法治'是什么呢?是把社会上的阶级压迫、不平等制度用法律固定下来,并用军队、法庭、监狱等国家机器,强迫劳动人民遵守他们的社会秩序和法律制度。吹嘘这种'法治',反而愈发暴露了它的反动本质。而且这种'法治'也正愈来愈为各种赤裸裸的血腥统治破坏无疑了。美国的三K党的罪恶活动,法律没有,也不会对他们进行干涉,这种所谓资产阶级'法治'不是更显得荒谬了吗?"

这种大批判论调中的逻辑和修辞,是武断而专横的。难怪当年胡适在美国认真读了大陆对他进行批判、围剿的文章后,评价它们大多过于草率、低劣、不讲道理。按照这种大批判逻辑学:

根本就没有作为普世价值的"马",也不存在"马"的共性;

只有按照阶级划分的"白马"、"黑马"、"枣红马";

被批判者的"马"一定是"白马"而不是"马";

枣红马不是白马,因此不是"马",也决不会成为"马"。

在这种逻辑之下,"自由"、"民主"、"人权"、"法治"这些为作家柏杨认为"真正值得为之献身"的价值,绝不可能建立在人的共性之上,对这些价值都必须问个姓"资"还是姓"社"。

韩愈曰:"呜呼!其真无马耶?其真不知马也。"

形式主义的谬误

林毓生先生在《中国人文的重建》一文中阐述了"形式主义的谬误"(formalistic fallacy)的概念：只看事情表面的谬误和口号式地理解一些名词。国人对西方"理性"与"民主"的浮泛理解，就是"形式主义的谬误"的典型例子。他进而指出：把外国的东西当做权威，常常会变成口号。把另外一个文化的东西当做口号是相当简单的，但口号式的了解并不是真正的了解。假若我们根据的东西只是一些口号而我们又不知这些口号里面的含义与后面的历史背景，亦即不晓得这几个名词真正意义的时候，我们常常把我们想象出来的意义投射到这几个口号上。我们常常会根据我们的观点、问题或我们所关心的事情来解释这些名词；这种解释常常与这些名词所代表的思想没有多大关系。

国人在粗略接触西方社会科学时，往往目迷五色。林毓生先生当初抵美求学，对卓有成就的西方社会科学家们，动辄冠以"大师"的头衔，但随时间流逝，心情渐趋平静，同时研读了更多哲学、文学、神学与倾向人文的史学的典籍，发现"西方社会科学，因受其基本假定的限制，对人间事物的了解实在是有限的"，林先生提醒大家：攻读西方社会科学理论之时，要特别注意不要被其术语(jargons)眩惑，同时要探讨它的基本假设与表面上看去颇具系统性的理论的关系。如果我们对问题本身没有具体而实质的了解，根据对问题片面的了解加以演绎，自然要犯形式主义的谬误。犯了形式主义谬误的人,却不自觉以为他根据形式建构所得到的"了解"是实质的了解。

在我国的法学研究中,比较方法是常见方法;借用西方政治学、法学、社会学中的理论、术语也早已成为时尚,无可厚非。但随着法学研究的进一步繁荣,对于避免堕入林毓生先生批评过的"形式主义的谬误"之中,应当予以足够警惕。近年来,无论在法学研究还是司法实践中,时常听闻一些言之凿凿的说法,仔细推究起来,不少说法却不是深思熟虑的结果,有的甚至是人云亦云、妄自臆测或自以为是的东西,"形式主义的谬误"早不是什么鲜见之物了。例如,有的学者在借用马克斯·韦伯"形式理性"一词的时候,将"形式理性"理解为注重程序、注重手段,并持以为论;有的学者从控审分离、"法官不能成为第二公诉人"的预设前提出发,否认法院有自主适用法律选择与指控不同罪名给被告人定罪的权力,甚至想当然地认为西方各国莫不禁止法院这样做,凡此种种,莫不有犯了形式主义谬误之嫌。

不仅学术研究如此,司法实践中,形式主义的谬误也不鲜见。最高法院就执行刑事诉讼法所作司法解释,不分具体情况,在法庭审判中一概禁止诱导性询问;在已经废止的一则民事诉讼法的司法解释中,不分具体情况一概禁止采纳未经对方同意私下录制的录音、录像,也是如此。

近来又有一例,颇为典型,不得不恭记其盛:某高级法院在判决一起计算机软件侵权纠纷案件后,主审法官针对该案中"陷阱取证"问题对记者发表谈话云:我国民事诉讼中不应该提倡"陷阱取证",因为这种方式容易侵害公民的基本人权,只能由侦查机关行使这一权力。该法官似乎认为,在刑事诉讼中对于公民取证的限制应当严于侦查人员。实际上,美国的立法例就恰恰相反,对于"陷阱取证"的限制往往加之于侦查人员而不是公民个人,刑事诉讼中诸如排除规则之类的规定的目的是,遏制执法中的违法行为和保持司法体制的完美无瑕,由公民个人而不是政府官员非法取得的证据能够为法庭所采纳。在美国 1921 年伯尔弟诉麦克多维尔(*Burdeau v. McDowell*)案件中,一个平民从另一平民那里非法扣押了某些文件并将它们提交给政府。对此法院裁决:"由政府掌握这些文件并未造成政府当局损害上诉人权利的局面,我们认为由于与政府并无干系的公民个人错误地取得能够证明犯罪的文件而阻止这些文件用于控诉犯罪是没有理由的。"对于这类判决及其表达的司法理念,我们的法官显然缺乏清楚的了解。在该案中,法院否定原告"陷阱取证"做法的理由是该行为违反了诚信原则。法院似乎看不到,原告方隐瞒身份、购买激光照排机套取盗版软件和字库,是在被告侵权的前提下原告苦于"软件侵权取证非常困难"才不得已出此下策。原告以此方式取证,究竟侵犯被告之权利没有呢? 若侵犯了,又侵犯了什么权利呢? 法院并没有给予令人满意的回答。至于诚信原则,判决之妙真令人难置一词:被告侵权,对于原告已无诚信可言;原告若以诚信待之,还能拿到侵权证据乎? 证据拿不到手,在如此强调当事人举证责任的今天,法院肯受理并判其胜诉耶? 我们是否过于机械地理解了诚信原则呢?

显而易见,"形式主义的谬误"来自对西方学术或者司法实践中的理论、术语的口号式理解。破除这些谬误的方法,是对西方的理论和司法实践进行精密研究,只有这样才能避免人云亦云、望文生义和以偏概全,只有这样也才能减少或者避免"形式主义的谬误"。

法学之殇

论文人人会写,此乃我忝为法学教员执鞭(教鞭)十年的体会。我积年观察,发现许多从来没写过论文,平日里视书如仇、君子动口不动笔墨的朋友,在求取学位之时,人人皆能捧出一篇学术论文,或长焉,十几二十几万字;或短焉,三万字五万字。字数长短,视学位为博士还是硕士以定。吾人见此情景,大喜曰:做学问搞研究,真乃易事也。

不过,也有学人嗔怒道:学非易事,磨砺以求,未必有所成,怎可等闲视之!且看年近期颐的钟敬文在《中华读书报》撰文说,他一生中只写过三五篇论文,他对那些能够写出上百篇论文者表示怀疑。[①] 这番话真振聋发聩。钟老先生从事学术工作数十年,尚认为论文难写,何况吾侪?! 做学问搞研究,果然为易事耶为难事耶? 论文泛滥,反倒是法学之殇乎? 不可打马虎眼过去,还是一探究竟罢。

学术研究的"专利法"

曾有台湾学者感喟:大陆有那么多学者(有许多年轻人)埋首学术研究,这样做学问一直做下去,将来可不得了。我闻此言曾以为然,不过,后来转念一想,却感觉不对。盖因大陆学者虽多,学术

---

① 参见智效民:《少写点论文》,http://bbs.guxiang.com/index.asp? action = Announce/Announce.asp&BoardID = 175&ID = 901708.

水平却参差得很,在大陆做学问,似易事①;台湾学者虽然不多,学术水平却令绝大多数大陆学者难望其项背,我与台湾法学教授接触,发现其人数少得可怜(台湾各大学没有教授"扩招"以致学者盈门这回事),不像大陆学人满坑满谷,触目皆是,然而台湾法学教授的学术功力却值得尊重,其著作信实可靠,也非大陆充斥的粗制滥造的所谓学术著作可予媲美,在台湾地区,明显感觉做学问真乃难事。

其实,学术之难易,全在于是否以创新为圭臬。不以创新为要求之所谓学术,人云亦云,须臾成篇,当然容易。道前人所未道,皓首穷经,孜孜以求,如行蜀道,当然就难。吾友尹伊君将前一种情形称为卖土豆式学术,譬如入土豆地里挥锹弄镐,不一会儿麻袋已满,沿街叫卖,风光无限,心花怒放,何其爽哉;后一种情形为抽茧拔丝式学术,譬如从茧中取丝,那过程何其痛苦,其产出何其稀少,有志于此者,百无一人,这番学术,才是真学术。

真学术必然要有创新。美国学者唐纳德·肯尼迪指出:"在学

---

① 在台湾地区,编写教材乃在学者名成身将退,总结一生学术时为之。在世的老学者对于中年教授撰写出版教材大为惊讶。在中国大陆,杨玉圣教授批评学术界低水平重复的现象,指出该现象表现在方方面面,"尤以高校教材、教参显著。如马克思主义哲学教材已超过 300 种。300 多种教材编者不同,出版社各异,内容大同小异,其中 2/3 抄袭原人民大学教授李秀林等主编的《辩证唯物主义和历史唯物主义原理》。政治经济学、中国革命史、中共党史、法学概论、大学语文等高校基础课教材,异曲同工。"又云:"山东某经济学院副院长一年申报的'科研成果'达 1300 万字。中青年学者号称出书三四十种,发表论文两三百篇似乎家常便饭。甚至有学者对外宣称'一年出一本专著'。"大陆学者谋生之易,如此可见一斑(参见李彦春:《杨玉圣:大刀向学术界的欺世盗名者砍去》,原载《中国青年报》2001 年 6 月 21 日,http://culture.163.com/edit/010621/010621_51458.html.)。

术成就评价中,最重要的因素就是独创性和优先权。"①学术诚实表现为对他人独创性和优先权的尊重。施蛰存先生曾谓:"一个态度严肃的学者,在他的著作中,一定会明确地提出他自己的新观点,新理论,必须是未经人道的。"②钟敬文先生也说:"写东西还要遵守一些学术道德和学术纪律。我的博士生做论文,所引用的书目我要管,作注要全,否则别人会不知所云。我经常跟研究生说,你们的学习需要创新,也应该创新,这就是解放思想,但同时要有充足的材料和扎实的论证,把创新落到实处,这就是实事求是,两者是辩证的。"③

学术论文本质上是一种"创作"。尽管"创作"一词用于文学艺术作品之创造,即"文学及艺术作品,出于己意,不事模仿者,称为创作"④。其实学术论文同样要求"出于己意,不事模仿",这一点与创作无异。无创新无以称为"创作",无创见不必称为论文。创见者,乃是独到的见解,亦即"事为往日所无,而突现于今日者,谓之创见"⑤。

一个真正的学者应当具有学术上的创造力,所谓创造力乃是"个人能特出新意,造作一事一物之力量也"⑥。有创造力的学者似乎太少,或者制度、环境不鼓励创造使得有创造潜力的人也逐渐

---

① 〔美〕唐纳德·肯尼迪:《学术责任》,阎凤娇等译,新华出版社2002年版,第258页。
② 施蛰存:《施蛰存七十年文选》,陈子善、徐如麒编选,上海文艺出版社1996年版,第576页。
③ 钟敬文:《抵制学术腐败 欢迎学术创新》,载《中华读书报》2001年5月23日。
④ 舒新城等主编:《辞海》,商务印书馆1936年版,第407页。
⑤ 陆尔奎等编:《辞源》,商务印书馆1915年版,第324页。
⑥ 舒新城等主编:《辞海》,商务印书馆1936年版,第407页。

失去了学术上的活力。既然如此,大量草长莺飞般产生的"学术论文"又从何而来?答案是"偷",专用术语为"剽窃"。剽窃不仅是针对文辞说的,更主要的是针对立意说的。窃人立意,掠人之美,与鼠窃狗偷实出一辙。

施蛰存慨叹世风不"古",举一窃取立意的例子云:

> 我看过几种文史研究著作,作者很自负地提出了他的新观点,但我知道他的观点早已有人讲过了。有一位历史教授,在一次学术讨论会上,发表了他对古史研究的一项新的成果。他自己的文章还没有发表,他的研究成果已被一位青年学者写入自己的书中,作为他的创获了。那位历史教授愤怒之余,打印了几十份控诉书,向史学界散发,表示抗议和检举,但无补于事。学术乃天下之公器,你能得出这个成果,难道我就不能得出这个成果吗?科学技术,有发明奖,有专利权,唯独文史哲都是纸上空文,新观点,新理论,没有保障,任何人都可以据为己有。这一类情况,近来不少,唯一的办法,只有端正学术风气,希望新一代的学者,重视自己的工作和名誉,不要掠人之美。①

施蛰存在此谆谆告诫:学者不能没有一点"专利权"意识,某种学术观点既然有人提出,就不要当做自己的创见招摇过市。

将别人的学术观点当做自己的创见,属于"学术不端"行为之一。唐纳德·肯尼迪曾言:

> 不端学术行为主要有三类:第一类涉及署名和学术声誉

---

① 参见施蛰存:《施蛰存七十年文选》,陈子善、徐如麒编选,上海文艺出版社1996年版,第576页。

的分配,以及偶尔由有关学术指导关系而引发的争议;第二类包括非法盗用其他人的观点或者表述,这种现象有时会在研究资助评审和成果发表评审时出现;第三类是故意篡改数据或实验结果,这主要发生在自然科学领域。①

这里列举的前两种不端学术行为在法学研究领域都普遍存在,"挂名学术"与"抄袭学术"实乃法学研究中成就评价的捷径。这两种情形有时竟然出现在同一学术成果中,如有的学者挂名于自己学生所写的"学术论著"之上,该学生又涉嫌抄袭他人文意词句,真是不亦乐乎。柏杨先生曾经叹道:"呜呼,军人不能冒功劳,文人不能抄袭,这是最基本的规范。……为了急于成名,或为了急于弄几两银子,猛抄猛套,天老爷注定要他垮台。"②

文学艺术和自然科学领域的一些剽窃行为比较容易识别。文学作品有抄与套两种偷法,抄袭行为一目了然,如郭敬明的小说《梦里花落知多少》是否抄袭了庄羽的《圈里圈外》,判断起来并非难事;套要隐秘多了,柏杨先生云:"抄品大都限于理论,如果死缠活缠,还可缠出一点理。至于创作,就无法抄矣,但虽不能抄,却可以套,一套就是一本,比小孩子玩尿泥还兴趣盎然。这种例子如车载斗量。"③自然科学研究中伪造数据,查究起来也不难,如韩国黄禹锡教授研究小组既没有实施2005年论文中所称的培育与患者匹配的胚胎干细胞的过程,也没有实施过2004年论文中所称的培育出首个克隆细胞系,2004年论文中的数据纯属伪造。这种事实

---

① 〔美〕唐纳德·肯尼迪:《学术责任》,阎凤娇等译,新华出版社2002年版,第258页。
② 柏杨:《西窗随笔——柏杨杂文选》,群言出版社1992年版,第244页。
③ 同上注。

一经揭露,简直无话可说。社会科学研究中的剽窃有时却不那么容易辨别,唐纳德·肯尼迪曾中肯地指出:"确定一个观点的所有权往往并不容易。此外,在观点和观点的表达二者之间存在显著的差别。使用他人尚未发表的观点是一种盗窃行为,尽管这种行为不容易被察觉和证实,进一步利用他人已经公开发表的观点则属于学术研究行为,不仅借用观点而且还将其表述的原文照抄过来是剽窃。"①

法学界瞩目的,只是不但借用观点而且照抄其表述原文的剽窃行为,使用他人尚未发表的观点——如前文历史研究的例子——还未见有披露,大概原创的法学观点太少,想"偷窃"也无从偷起。

法学研究中一些学术观点早就成为共享资源,除非笨到直接从他人文章中大段照搬词句,简直无法视之为剽窃,大不了只能说是缺乏创见而已。大量顶着"论文"名目的文章,其"观点早已有人讲过了",上乘的,不过运用一些新的论证资料,有的直接从境外趸来,洋洋得意证明着已经没有新鲜感的观点。这使得我们的学术,成为表态式学术,就是表明对一种既有观点的支持或者反对的态度。例如法学中关于沉默权的论著,长长短短,大小细粗不一,除最早的若干篇什之外,几乎都是表态学术,每个作者都用文章表达对沉默权的态度,观点只有三个:沉默权好得很硬是要得,沉默权糟得很硬是要不得,折中观点当然就是沉默权不全好亦不全坏可以借鉴吸收其合理因素。以观点论,三篇文章似亦足矣;其他文章,不过都是表态文章罢了。不过,有些充满新资料的表态文章还

---

① 〔美〕唐纳德·肯尼迪:《学术责任》,阎凤娇等译,新华出版社 2002 年版,第 258 页。

是值得取阅的,那价值并不在观点而在资料上,特别是那些用外国翻译过来用在论著中的信息资料,至少可以开阔眼界。如今这类编译式的著作正在风起云涌,走红各大书坊期刊,成为法学"学术繁荣"的一大表征。

总的说来,学术要想进步,学界要想不成为"一场滥污",就需要以原创性为评判标准,这就要有学术研究的"专利法"。这个"专利法"的主旨是对于他人率先提出的观点保持尊重的距离,学术精力应当用在超越既有的学术观点上。只有确立这样的"专利法",该"专利法"的原则得到学界一致遵行,学术研究才是难的,也才能有真学者与真学术;真学者与真学术才不至于被汹涌而来的伪学者与伪学术湮没,法学研究才有希望。

重要的是思想,其次才是思想的表达

瑞士学者阿尔弗雷德·莫勒尔曾俏皮地说:"万事开头易——所以才会产生那么多半成品。"①

法学研究可以抄可以套可以拼凑亦可以了无新意大炒冷饭,这类半产品乃至废品"论文"铺天盖地,在只重数量不重质量的数(三声)字儿时代,一样可以评职称,一样可以当教授,一样可以获奖金,谁还肯下那费力不讨好的笨工夫哉? 就是下了笨工夫,搞出了一点真知灼见,又怎么保证不被湮没呢?

要想使真学术真学问能够娩出,论文的写作与推出就不能太容易。吾师周士敏教授曾慨叹现在"做学问"太容易,云:"过去出版一本书,发表一篇文章,很难,写书写文章需要水平;现在出版一

---

① 〔瑞士〕阿尔弗雷德·莫勒尔:《玩世箴言》,宋健飞译,中国经济出版社1996年版,第8页。

本书,发表一篇文章,容易了,读书读文章需要水平。有的文章洋洋洒洒万余字,有价值的可能不到50个字,可是你要读这50个字,就要先读一万多字。"① 要不浪费生命,就不要在这些废字中消磨时光。

法学论著,最重要的是思想,其价值表现在有原创观点。刘南平曾撰《法学博士论文的"骨髓"和"皮囊"》一文,介绍西方法学之学术规范,谈到博士论文必须有命题(thesis),这在西方是一项普遍性的要求。他解释说,命题就是贯穿整个博士论文的中心论点,是试图在论文中探讨或论证的一个基本问题(general issue)或基本观点(general position),一篇法学博士论文的全部内容必须是围绕一个基本观点展开的。博士论文需要具有原创性,"如果其论文中的基本观点具有令人信服的论证,或者论文中提出了重要学术问题并获得了开拓性的探索,这样的博士论文就应该具有'原创性'。"对于国内培养的博士生而言,"能理解博士论文是要论证新观点就是一个难得的认识"。不过,他也提出"一般论文并非一定要有一个命题才能成其为论文",但一般论文也要言之有物,同样需要"体现一个'新'或'创造性'(creative)上"②。

没有新的或者创造性观点的论著,往往喜欢在资料或者语言上下工夫。学术论著的新,有几种情况:一是观点新,有独到观点并有扎实富于说服力的论证;二是角度新,观点并无新意,却能以与前人不同角度加以论证;三是资料新,最好是从国外获得资料再

---

① 此为吾师聊天时所言,属"私相授受"性质,注解无法"规范",不得已也。
② 刘南平:《法学博士论文的"骨髓"和"皮囊"》,载《中外法学》2002年第1期。

运用于自己的论著;四是语言新,最好是创制一套新的词汇,如"刑法基本概念"不叫"基本概念"而改称"刑法的基本粒子",然后峰回路转地展开论述,充斥着大量新词的论著,也会给人耳目一新之感。

创制一套新词,制造语言的魔障,最不可取,那些新词是用来掩盖思想观点的贫乏和陈腐的。刻意这样做,也属于学术缺乏诚实的表现。英国哲学家卡尔·波普曾撰文《反对大词》,即反对那些浮夸的言词,主张以简单和直接的方式写作和口头表达,自称"喜欢致力于尽量简单地系统阐述我的思想"。他批评一些学者(新辩证学家)"没有了解到解决问题和更接近真理何其困难。他们只学会如何把同胞淹没在词语的大海中"。"许多社会学家、哲学家等,传统上把使简单事物显得复杂、浅薄的事物显得困难的讨厌的游戏视为他们合法的任务。"他还讽刺地说:"人们坚信,如果听到词语,肯定就有一些思想附载其中。"[①]

记住这种以简明的语言表达深邃思想的主张是特别有益的,它至少可以使我们明辨一些似是而非的主张。

早在十几年前,就有学者痛感法学之路上的拥堵之相,提出清淤的办法,这办法就是建立法学的专业槽。陈兴良教授是专业槽的积极倡导者。所谓"专业槽",指的是法律专业的"食槽"。据说"食槽"来源于经济学或者文学艺术界,这更显得言之有据,语出有典,真理得不得了。陈兴良认为:

> 刑法学,虽然是我国法学中的一门显学,然而刑法学又仍

---

① 〔英〕卡尔·波普:《反对大词》,http://www.revu2005.com/bbs/read.php? tid=2102.

然是幼稚的,这种幼稚性的突出表现是没有建立起严谨科学的刑法理论的"专业槽"。文学艺术界的有识之士指出:以往文艺理论界的一个深刻的教训就在于批评的"食槽"太浅露而又宽泛,谁都可以伸进头来吃上一嘴。而如今,在一种潜在自觉意识指导下,批评家们在通力构筑起一套庞杂恢宏而又深奥抽象的理性符号系统。这不啻是一种防范性的措施,更重要的是为了维护和深化学科的科学性、专业性和学术性。专业食槽过于浅露与宽泛的评价同样适合于刑法学,以至于整个法学。然而,文学艺术界的批评家们正在合力加速构建"专业槽",而我们法学界又有多少人已经意识到这个问题呢?诚然,刑法学是一门实用性极强的应用学科,与司法实践有着直接的关联。然而,学科的实用性不应当成为理论的浅露性的遁词。作为一门严谨的学科,刑法学应当具有自己的"专业槽"。非经严格的专业训练,不能随便伸进头来吃上一嘴。这既是维护刑法学的学术性的需要,更是维护刑法学的科学性的需要。①

陈教授批评学术太浅露与宽泛,"谁都可以伸进头来吃上一嘴",的确是不良学术现象,但"通力构筑起一套庞杂恢宏而又深奥抽象的理性符号系统"却非有识之论。这里所谓"一套庞杂恢宏而又深奥抽象的理性符号系统"说白了就是一整套一般人看不懂也学不会的"术语",用这些术语构建一重重迷障,使少数掌握了这些特别语言的人吃定了这碗饭,其他"非经严格的专业训练"的一般人甭想分一杯羹。在我们的专家学者的自建食槽中,别想"伸进头

---

① 陈兴良:《刑法哲学》,中国政法大学出版社 1992 年版,后记。

来吃上一嘴"。然而,学术是可以这样垄断的吗?

陈兴良教授大声疾呼建立专业槽的时候,正是我国文学理论研究中大词泛滥的时期。不少"青年文学理论家"将一段清楚的意思偏不往明白里说,如施蛰存先生所举的例子就是这种"专业槽"的典型之作(还不算是新词充斥的代表作品):

> 文学的危害的确在于她作为一种精神充斥着整个中国的文化空间。我们缺乏一种能力(这或许是先天的),把文化与文学有效地区别开来。因此,文以载道的罪过首先不在文学的自身。文学常常蒙冤,但文化因为已经无法在自身的内部为文学让步,所以我们便只能端出文学作为文化祭坛的作品。①

这段话即使"一句一句都弄清楚了",也无法找到它"总的意念",因为这里面根本就没有这样的意念。这种文章的形成来自两个原因:一是受翻译语言的影响,满纸欧化,把夹缠不清看成是学术的正宗;二是将晦涩当高深,喜欢把简单的思想表达得很复杂,以便表示学问庞大。施蛰存曾对这样的文章发出感喟:"读书七八十年,除了甲骨文还未能读通之外,从商周金文至先秦诸子,我都能读通了。偶尔有些语文障碍,还不妨事,全文主旨大意,还是能够理解的。倒是近年来一些青年理论家的文章,我常常读了四遍、五遍,还是不懂。看看每一个字我都认得;每一句的意义,我也能理解。就是读过一整段,却不知作者在说些什么。"②显然是这些

---

① 施蛰存:《施蛰存七十年文选》,陈子善、徐如麒编选,上海文艺出版社1996年版,第555页。

② 同上注。

青年理论家的思想表达出了问题。

法学研究中,将语言表达看作比思想观点更重要的想法与做法,这些年来也不鲜闻鲜见,比文学理论的晦涩化晚了起码10年,但势头却未必不猛。这种本末倒置的想法与做法,也出在错以为"听到词语,肯定就有一些思想附载其中"。这恰恰是应当加以喝止的现象。

不过,陈兴良批评的学术"'食槽'太浅露而又宽泛,谁都可以伸进头来吃上一嘴"的情形,确实是妨碍法学研究健康发展一大病症,只不过下的猛药却不对症,反而会加速法学之殇。

明智的做法是,要强调有独到观点并有扎实、富于说服力的论证,建立起严格的学术规范和学术批评体系,使学术不是可以混吃混喝的领域,使混吃学术饭的人望而却步,只有这样的学问之路方才干净,学术的"食槽"周围才能少了觊觎投机之辈。

健全的学术批评

健全的学术批评是救活法学研究的一朵灵芝。法学之低劣、僵滞与陈陈相因,需要由一剂清醒的学术批评之药打破、激活和扭转。

在我国,法学研究低劣化的一大原因,是缺乏健全的学术批评。有学者指出:"缺乏学术批评和不重视学术研究的独创性,也是制约学术正常发展的重要因素。"[①]将学术正常发展的障碍因素归结为缺乏学术批评和不重视学术研究的独创性。这一看法切中肯綮。

---

① 佚名:《学术规范与学术批评——谈中国问题与西方经验》,原载中国论文下载中心 http://paper.studa.com,转载于 http://paper.studa.com/2006/1-15/08454563.html.

法学与文学不同的是,文学有自己的批评家和文学批评理论,一部作品出来,倘若是有批评价值的,就会有批评文章发表,这种对作品的品头论足,不但有益于读者(提高读者的鉴赏能力,避免白花了银子上了劣书的当),而且有益于作者。作者自鉴往往囿于自我偏见难以看清自己作品的良莠,以他人的批评为鉴,才容易分辨瑕瑜,有所改进。只有自视过高的作者才会闻过则怒,把别人的批评都看做是妒火中烧,狼子野心。

法学缺乏健全的学术批评,与法学长期已经没有形成这样的传统有密切关系,也与国人的民族性格存在紧密联系。许倬云先生曾言:国人"学术成绩与人缘的比重,往往难分轩轾,是以平时以不批评为圆通。"①国人不喜欢听到反调,不喜欢听到异议,一旦有人冒冒失失地开展批评,学术之争鲜有不演变成个人恩怨的。

子曰:"乡愿,德之贼也。"法学研究中的乡愿之风不可谓不盛,对士林贻害不小。盖因法学界是一个大名利场,法学者构成了一个利益共同体,大家相互呵护捧场,晋升教授焉,授予资格焉,分配奖项焉,无不需要同行评议。这些活动都需要有良好的人情关系垫底,因此谁也不愿得罪别人。于是一本学术专著出版,只见报刊上登出具有广告作用的书介胡吹乱捧一番,却见不到有见地有勇气的高质量的书评。一篇论文出来,即使观点荒谬绝伦,也不大见到有人撰文反驳,任由谬种流传。

西方学者出版一本专著,便期待有书评对自己的著作进行评判乃至商榷,我国学者王笛指出:

---

① 许倬云:《许倬云自选集》,上海教育出版社2002年版,第419—420页。

西方学术杂志特别注重学术著作的评论,在对书评的具体操作上与国内有很大的不同。西方书评一般分文章(review article)和短评(book review)两种,前者实际上更像一种研究论文,把同专题的若干著作进行比较评述,其篇幅也与专题论文相差无几。这里所讲的书评主要是指后者,篇幅不长,短者一页,长者不过二三页,简明犀利,没有废话套话。西方的大型学术刊物书评占相当大的分量,有的在篇幅的一半以上。①

这种奇景,在我国法学界却是见不到的。相反的情景倒是比比皆是,"在国内,许多书评是作者约请人撰写,这就难免碍于情面,因而造成相当大一部分所谓书评是多赞美,少批评,实际丧失了其学术评论的意义"②。

国内法学研究缺乏学术批评,还有一个原因,就是学者太忙,知名的学者更是忙上加忙,因此没有人会认真读书,至少是没有人会认真读同行的书。有同行新书出版,惠赠一本,往往就束之高阁,大概也是因为觉得同行的著作没有多少读的价值。北京大学王铭铭的著作抄袭美国教材,是一名研究生发现并揭露的,这大概证明只有在校学生还在读书,未见所谓专家教授发现这一学术不端行为而痛加揭露。王笛曾云:"进行学术评论并不是一件容易的事,因为要与别人的研究成果形成对话或争论,这就必须对已有的研究成果进行认真研读,反之则是无的放矢。"③那么多的教授专

---

① 参见王笛:《学术规范与学术批评——谈中国问题与西方经验》,原载中国论文下载中心。http://paper.studa.com,转载于http://paper.studa.com/2006/1-15/08454563.html.

② 同上注。

③ 同上注。

家没有发现抄袭,想必是根本没有读过抄袭与被抄袭的两本著作;如果读过而缄默不语,更是病而不是风景。

不过,也有个别学者看不过去,高举义旗进行反叛。如快人快语的杨玉圣主办"学术批评网",分学术规范、学术批评、学术评价、史学评论、学界观察、学问人生等诸栏目,虎虎生风地展开学术批评。又如西南政法大学的讲座活动,一改评论人肉麻吹捧的风气和提问者毕恭毕敬的姿态,尖锐批评,大胆质疑,针针见脓。这种批评,对于推动学术研究尽快走向规范,使那些无真知灼见的"混饭学术"见光即死。只可惜此类批评还只是一隅奇景,气候不大,远远没有成为法学界的整体风气。

我国无论文学创作领域还是学术界,有一种现象令人郁闷,那就是偶有批评,使抄袭或者其他类似不端行为曝光,被揭露者如不倒翁,几乎完全不受丑闻曝光和学术批评的影响。这与西方国家,一旦发现创作与学术不诚实行为,便一蹶不振,只能被放逐于文学创作与学术之外,真不可同日而语。在我国,某些抄袭者比揭露者更气壮词严,嚷嚷得好似理比天还大;揭露者反倒成了心怀叵测的小人,就是到法院打官司有的也告不赢。有的官司,法院秉公论断,判决出来后,被判决抄袭者公然藐视判决,拒绝按判决书要求公开道歉,一些无是无非只会追星捧月的年轻男女力挺抄袭者不移,社会道德风气堕落至此,真叫人无话可讲;更有个别法官,是非混沌,乾坤颠倒,其维护抄袭者的自觉性令人忍不住要脱帽"致敬"。

健全的学术批评,是与健康的社会道德风尚结合在一起的。没有健康的社会道德环境,学术批评之风能够强健有力吗?

不写的勇气

饥渴久了,见食物饮料便欲饕餮,顾不上品其精粗;穷困久了,一旦腰缠万贯,便买房置产,穷奢极侈,大呈暴发之相。我们的学术停顿得久了,一有了发展条件,便狼奔豕突,泡沫四溅,"繁荣得一塌糊涂"。

法学界的一片乱象,都是因为太想多出成果,出好成果了。对于数量的追求,更甚于质量,这就难免鱼目混珠,泥沙俱下。因此,要挽救法学,避免真实学问之夭亡,贪多求快是不行的。

高质量的创作或者学术研究成果都需要精工细雕,久而乃成。海涅曾言:"跟养孩子一样,书,也是需要一定时间的,所有那些在仓促之间,在短短的几星期里写出来的书往往使我在心里对这样的作者产生一定的反感。一个正派的女人决不会不到9个月就养出孩子来的。"[1]有寓言曰:一画家向人诉苦,说我1年画10幅画,却1幅也卖不出去,奈何?听到的人回答说:不妨10年画1幅试试。这道理看似浅显,却不失为灵丹妙药。

林毓生先生在《中国人文的重建》一文中提出,人文重建应采取的基本态度是"比慢",说的正是这个道理。他认为:"有这种精神,自然会超越中国知识分子所常犯的一些情绪不稳定的毛病:过分自谦,甚至自卑,要不然则是心浮气躁,狂妄自大。"[2]

林毓生特别提醒,比慢并不是比懒,千万不要有这样的误解。所谓比慢,表现在:"你写书用了5年,我要与你'比慢',我要用8

---

[1] 原载海涅:《海涅文钞》,转引自李磊明:《提倡"比慢"》,载《光明日报》1999年3月19日。

[2] 林毓生身体力行,其著作《中国意识的危机》的英文稿整整花了10年才写成,参见李磊明:《提倡"比慢"》,载《光明日报》1999年3月19日。

年的时间去写一本书,这样才有达到质的突破的可能。否则仍然是在原地绕圈子,并无进步可言。我们要做最深切最根本的努力,要下决心,要有志气,不要不争气,不要没出息,要以最大的决心来跟别人比'慢'。"①比慢的境界是这样的:

> 当你很努力、很努力工作以后,真正得到了一点实质成果的时候,你才真正能够"比慢"。当你经过多少煎熬,多少困难——想问题老是想不通,今天觉得想通了,写得很得意,觉得简直是神来之笔。第二天再看时,却发现仍是根本不通;当你有这样苦思的经验,当你在这样的煎熬、这样的自我批评、这样的坚强的精神支持之下得到一点实质成绩的时候,得到一个突破性的学术理论的时候,你会发现,的确是一分耕耘,一分收获;你的努力没有白费。②

对于一个学者来说,"比慢精神"说起来容易做起来难,"因为我们的确着急,的确急得不得了"。要比慢,"你只能脚踏实地,用适合你的速度,走你所能走的路。换句话说,'比慢精神'是成就感与真正的虚心辩证地交融以后所得到的一种精神。心灵中没有这种辩证经验的人,'比慢精神'很难不变成一句口号"③。

只可惜这一道理,虽经说破,却似乎没人理会。比快的现象仍然刺激着人们的视觉神经。学界笑谈有著名学者背着自己编写的一麻袋著作(大多是教材)去评职称,著作等身,早已不是穷几十年膏油继晷的苦功才能达到的境界了。

---

① 林毓生:《中国传统的创造性转化》,三联书店1988年版,第19页。
② 同上注。
③ 同上注。

学者比快而不比慢,自有其不得不如此的原因。钟敬文先生指出:

> 这种现象的形成有各种原因。一个人评职称、申请住房,都要与职称挂钩,这就容易走偏。还有制度问题,比如上级主管部门规定每人每年发表多少文章,在哪家刊物上发。那些刊物很少,发表不容易,所以有些人就要想办法凑数。我就从来没在《中国社会科学》上发表过文章,要是凭这个评教授,评不上。有些报道说,某某发表了两三百篇学术论文。天哪,我从十二三岁起就写点小文章,今年快百岁了,写了一辈子,还没写这么多,严格的论文有三五篇就不错了。①

因此,要论学术腐败和学术大跃进,不可把它看作只是一种学术现象,而是应当把它看作"也是一种社会现象"。

学术成果的数量与学者的利益有着直接的因果关系,为了获得评职称、申请住房、待遇、官阶(学者热衷为官的现象也是促成法学有夭亡危险的因素)、奖金等各个方面的利益,学者多快差费地赶制各种低劣论著,学术垃圾遂如黄河泛滥,一发不可收拾矣。唐纳德·肯尼迪曾提醒曰:"一旦在学术中掺杂个人利益,贪婪或者虚伪,就会严重影响到人们对学术价值的信任。"②的确是一针见血。

对于一个真正的学者来说,应当有不写和少写的勇气,也就是拒绝制造学术垃圾的勇气。不写和少写,就是钟敬文主张的"少写

---

① 钟敬文:《抵制学术腐败 欢迎学术创新》,载《中华读书报》2001年5月23日。
② 〔美〕唐纳德·肯尼迪:《学术责任》,阎凤娇等译,新华出版社2002年版,第257页。

点论文"的严肃态度和诚实精神。这之所以可以被誉为一种勇气,是因为在大量低劣的"学术研究成果"获得令人称羡的利益的情况下,坚守学术良心和诚实,需要具有"虽千万人,吾往矣"的精神。这种勇气,可能意味着获得"教授"、"研究员"的职称要经过漫长的等待,意味着宽敞住房、高级待遇和丰厚奖金皆绕道而行不能为其很快拥有,意味着学术声誉慢热而不像许多春风得意之士那样轻易就炙手可热起来,也同样意味着学术声望更为扎实和持久。这样肯板凳坐上十年冷的学者多起来,整个学术风气也会为之一变,真正有良知的诚实学者的日子就会好过起来。

不过,光指望学者有不写、少写的勇气是不够的,要真正解决学术质量问题,必须确立起新的学术评价机制。新学术评价机制的核心应当是重质量不重数量。有了这样的学术评价机制,才能够使创造性的学术成果得到应有的地位,使学者能够通过学术获得的利益,不与论著的数量、速度挂钩,避免诱使或者逼迫学者去制造学术垃圾。国内大学和研究机构比拼数量,逼迫学者月月报季季报年年报研究成果的数量,并依数量发放奖金、评职称和为教授分等级,就别指望有学者能够保持不写与少写的勇气,真正的法学因此而殇矣。

总之,法学之殇,有多种促成因素,非本文所能尽载。我在这里想反复申说的是,学术乃公器而不是公害,要想使学术不成为公害,就必须防止伪学术以及因伪学术而获利的伪学者泛滥成灾。在伪学术和伪学者充斥的地方,真正的法学就会夭折,要挽救真学术就必须要正视现实的学术弊端,寻求解决办法,办法找到之后,就要勇于实行。没有智慧和勇气,完成不了这场"革命"。

卷六　volume 6

专业意识

日本管理学家大前研一先生被英国《经济学人》杂志评选为"全球五位管理人师"之一,他在麻省理工学院获得博士学位,管理实际经验丰富,著有多本商业管理的书籍,很是畅销。

大前研一著有《专业》一书,据说日文本上市两周,即售出15万册。该书中译本2006年在台湾地区由天下文化出版公司出版,这本谈商论管的书,一经出版,不仅台湾地区商界人士趋之若鹜,法律界也颇有瞩目者。我国大陆由中信出版社出版了该书的另一中译本,珠海出版社也出版了一种中译本,可见此书受欢迎的程度。台湾地区一位检察官看了《专业》一书后谈到,这本书唤起了他的"专业"意识。

大前研一谈到的"专业",不同于人们习见习闻所谓"专家"。在他看来,专门从事某一行业或者具有某种身份资格,并不足以称为专家,"专家已无法再根据职业的种类而定义。有专业的医生和律师,也有只通过国家资格认证的徒有虚名的医生和律师。反过来说,资格只不过是一张纸片而已,如果不能成为真正的专家,便如'脚底的米粒',捡起来也不能吃。"大前研一认为:"专家要控制自己的情感,并靠理性行动。他们不仅具备较强的专业知识和技能以及较强的伦理观念,而且无一例外地将顾客放在第一位,具有永不消亡的好奇心和进取心,严格遵守纪律。以上条件全部具备的人才,我想把他们称之为专家。"

大前研一先生在书中提出一个发人深省的问题：在本应"专业"的从业人员中，很可能找不到真正专业的人才——问题出在人才太少，还是不够专业？大前研一信心满满地宣称：每人皆可成为专家。他提醒说：在未来，一家企业要想生存，就必须足够专业；要做到这一点，必须笃守终生学习的法则。一个真正的专家"绝不认为自己的本领是绝对的，而是准备花费一生的时间去磨砺自己，并且乐此不疲"。可以这样说："专业是不断学习，乐此不疲。"当"专业"成为一种信仰，一个人及其组织将无往不利。

大前研一提到的，不仅是商界独有的现象，其他行业也存在这样的问题。法律界便是如此。

法律是一种行业，司法人员从事的是与法律有关的活动。司法将干巴巴的法律用于人的事务，既可以解纷止争，也可以惩恶罚罪。表面上，只要通晓法律，司法者便无往而不利，游刃信必有余。究其实，却不然，如果把通晓法律只理解为了解法律如何规定及其基本内涵，更是如此。我们经常听到司法界传出"司法职业化"、"我们要培养一支高素质的专业队伍"的口号，但这是一支什么标准的"专业队伍"以及如何培养出这样的队伍，就没有多少人愿意深究了。至于"司法职业化"更是一个奇怪的说法，乍听上去以为司法还没有进化成一种职业哩。我觉得，与其提"司法职业化"，倒不如提"司法人员专业化"来得还恰当些。

参照大前研一提供的标准，可以这样认为：法律界专家或司法专业人士应当具有司法理性，能够控制自己的情感，本着理性和良心处理案件，他们精通法律知识，熟谙司法技能，具有较强的伦理观念，将正义放在第一位，严格遵守法纪，诚挚地服务民众，为他们提供对正义需求的满足，具有永不消亡的好奇心和进取心。按照这样的标准,司法界的专家不应是唯唯诺诺唯上是从、不敢坚持真理和维护正义的官僚。他应当唯法律的马首是瞻,能够本着专业眼光对待案件事实和证据;他应当具有良好的判断力,并本着良心和理性判断事物;在民众面前,他不应当是一副晚娘面孔的官老爷,也不是内心冷漠的压制者,他对正义和法治应当有持久不变的热情。这样的标准,不是仅仅通过司法资格考试就可以达到的。

以这样的标准衡量,我们的司法人员队伍还不够"专业",缺乏高尚而独立的司法人格,把能够决定其职务晋升的人的意志看得比法律制度更重要,不精通业务知识和技能,不读书不看报,领薪水混日子,糊里糊涂办案件,对民众态度刁蛮或者冷漠,没有责任心只有权力欲……凡此种种,并不是鲜见的现象。明显的表现是,在不同诉讼角色交锋的法庭场合,细心人有时会发现,法官、检察官和律师无法"对话",因为他们中有的不够"专业",甚至都不够"专业",以致无法以"专业"的心智、"专业"的眼光,就事实、证据和法律进行真正"专业"的讨论,一场法庭审判各说各话,含糊了结。

要改变这一局面,应着力塑造司法人员的司法人格,增强其责任心,这就需要在司法体制上打破司法官僚制,将权力适当下放,并将权力与责任挂钩,其功效正如大前研一所言:"在培养下属方面,与其手把手地去教,倒不如'授权',也就是扩大他们的权限,让下属凭自身的能力去解决问题。的确,要想使下属潜藏的能力得到释放,与其频繁地下达指令,倒不如相信他们潜在的能力、发挥他们的主观能动性产生的效果更好。每个人都愿意按照自己的意志,而不是他人的意志行事,这两种情况产生的干劲儿是截然不同的。"当这样的体制建立以后,司法人员势必要有压力去提高自己的法律伦理道德水准和法律专门知识素养,这是一种外生因式专业水准提升;还有些"专业"标准,却是需要司法人员通过自身努力自觉达到的,永不消亡的好奇心和进取心离不开司法人员自己对"专业"的追求,司法人员不可不有一种强烈的专业意识。

人的事务繁简不一,难易不同,解决起来不一定都顺风顺水,轻而易举。事实的暧昧,证据的含混,再加上人的内心往往比人的表情更加难以琢磨和隐晦多变,都会给司法者办理案件布下许多迷障。没有一支"专业"的司法人员队伍,即便有程序的改良、刑名的优化,司法实际状况仍可能如老牛破车,进步迟缓,民众引颈以望,翘首以待,岂不要望眼欲穿?

司法考试综合症

一位考生在司法考试后上网发帖,声称要"状告"司法部,理由是司法部把他的"肚子搞大了"——因为他用几个月时间备考,没时间锻炼身体,腰围大了一圈。这当然是笑谈,众人笑过之后,这个玩笑也就小浪花似消失,哪里会真有人告?

每年令人筋疲力尽的统一司法考试结束之时,参加考试的士子大多悄没声息。他们休息几天之后缓过精神,一切被应试打乱的阵脚又重新扎稳。待到成绩公布之时,大部分人还得第二年卷土重来。有如此几年反复参加考试的,每年一次阵痛,硬是越不过那个龙门,真是五内俱焚,苦不堪言。

不过,用司法考试折腾折腾大家可不是多余的。毕竟,要提高法律从业人员素质,不能不用这类考试抬高司法之门的门槛,否则司法界良莠不齐、鱼龙混杂的局面啥时候能得到治理耶?有了这类考试,多得如过江之鲫的法律人才有了一个筛选机制,精英司法梦才可以悠然做下去。

网开一面与精英司法梦

司法考试是最引人瞩目的全国性职业资格考试之一,每年举行一次。它的前身是司法部组织的律师资格考试和最高人民法院、最高人民检察院分别组织的初任法官考试、初任检察官考试。律师资格考试早就如火如荼进行,难度之大已经出了名,由于及格率很低,能够通过考试,不下点功夫根本不行。初任法官考试、初任检察官考试是后起之试,难度小得多,起不到筛糠见米、吹壳露谷的作用。于是乎在众人鼓噪之下,2002年三试合一,成为现在的统一司法资格考试。

统一司法资格考试是精英司法梦的产物。实行统一司法考试之前,常听到议论,律师是通过律师资格考试考上来的,法官、检察官没有经过这种难度的考试筛选,那素质"不敢说,可不敢说,非常不敢说"。为了将法官、检察官的门槛起码抬高到与律师一般齐,有了统一司法资格考试,初任法官、初任检察官和取得律师资格必须通过国家统一司法考试。

接下来难题就来了:最初几年司法考试及格率很低,地方司法机关叫苦不迭,起劲嚷着要降低考试门槛、抬高及格率。原因很简单,本院未取得法官、检察官资格的人员中,硬是没有几个能够通过考试,司法人员有青黄不接之虞,怎不叫人眼馋心急、浪花飞溅、怨声四起?特别是,西部地区司法人员有断档危险,不提高及格率,有资格执槌司法的人快要没啦!

其实,各地司法机关本来不该有如此反应,尽管司法考试及格率低,但考生人数可以用"满坑满谷"来形容,庞大的考生人数乘以及格率,每年通过的人士早已车载斗量,司法后备人员的队伍十分庞大,怎么还喊"缺人、缺人,不得了"呢?细分析原因,不外乎:通过司法考试的,不一定进得了司法机关(没关系进不去);进得了司法机关的(往往需要有点关系),又不易通过司法考试。

有看官嚷嚷啦:这话不对啊,不能排除另一可能性——通过司法考试的不愿到司法机关工作。这话说得也是,只不过,这也不是提高及格率该解决的问题,而是应该通过提高司法机关对法律人才的吸引力来解决的问题。提高考试及格率,只会打破精英司法梦,与设立统一司法资格考试的初衷相悖。

会哭的孩子有奶吃,这个定律起了作用,还是"忽如一夜春风来",考生水平得到了大幅度提升?两年来司法考试及格率逐渐攀升,去年更是大幅攀升,且看:2002年司法考试通过率是6.68%,2003年是8.75%,2004年为11.22%,2005年为14.39%,2006年达到约17%,2007年达到约20%,2008年一跃升为27%左右!按照这个进度,岂不是:2009年通过率为40%左右(有人统计2009年的通过率为22%);2010年为50%左右;2011年为60%左右……到2015年就达到100%啦。到那时候,精英司法梦就彻底破灭了也。

促使考生努力提高自己的水准来达到考试特定标准,还是降低标准迁就他们目前的水准,并不是哈姆雷特式的两难选择。

恶补症与法律本科教育

我常感讶异的是,那些不久前才毕业于深府名校的法律人,或者在读研究生,投奔校外的司法考试辅导班,寄望这些辅导班指点迷津以便顺利通过考试。他们在校园外进行"恶补",几近癫狂。我更疑惑地看到为数不少的法律院系的学生通不过这个考试,把应考司法资格看作畏途,是否意味着法律本科教育的失败?

法律本科教育,对学生掌握基本知识的要求并不严格。对学生学习的要求也很宽松,平时考试难度不大,教师判卷还慷慨放水,将明明应当判为不及格的卷子都判为及格,把及格的卷子提为高分,以便学生将来向四面八方求职时有个好成绩单,或者为了迎合学生,使学生评教时有个佳评如潮的效应,甚至为了掩饰太多学生不及格可能引起的教学失败的推测。大学本科4年下来,学生基本功并不扎实,一碰到猛考基本功的司法考试,人仰马翻,船倾舟覆,还有啥值得大惊小怪的?

其实,司法资格考试并不难。司法考试4张考卷,分4场考完,试卷一,综合知识也,包括法理学、法制史、宪法、经济法、国际法、国际私法、国际经济法、法律职业道德与职业责任;试卷二,刑事与行政法律制度也,包括刑法、刑事诉讼法、行政法与行政诉讼法;试卷三,民商事法律制度也,包括民法、商法、民事诉讼法(含仲裁制度)。这3张卷子上黑压压、密麻麻布满机读式选择题。第四张考卷为实例(案例)分析、司法文书和论述题,是笔答式考试题。这些考卷主要考的是法律基本知识,有现成法典的,尤其是对于法律条文的熟悉程度。也就是说,司法考试考的都是"记问之学",或者更直截了当地说,是记忆力(勉强可以拉上十分浅易的理解力作陪)没什么学术含量,只要肯下工夫去记忆和理解,考试时不难认准正确答案,抓紧时间用2B铅笔在机读卡上涂抹一气,或者在笔答卷上迅速行文,然后就等着眼望旌旗动、耳听好消息吧。

要说"难",司法考试"难"在考多而杂,题博而细,不下点真功夫去记熟考试范围内的大部分内容,过关的希望有点渺茫。光记熟还不够,考试时不眼快手疾,抓紧时间作答,就等着放榜时灰头土脸、垂头丧气吧。

无论过去的律师资格考试还是现在的司法资格考试,都流传一个说法:"博士生考不过硕士生,硕士生考不过本科生"。奥妙在于,这个考试经不起推敲和分析,它压根儿就不考分析能力和创造性解决法律难题的能力,学问太大对于这个考试反而是障碍,遇到题目想得太多,思虑过繁,反而会答题出错,弄得落花流水、狼狈不堪。

司法考试考的只是"结果",不是"过程"。这结果是法条记忆的结果,过程是法学教育的过程。法律品格的培养,法律意识的熏陶,法律技能的掌握,法律思维的现成,法律逻辑的训练,都需要一定时日,不能一蹴而就,来个急就章。多年来,许多非法律院系的毕业生参加司法考试,捧着几部司法考试指导书昏天黑地、日月无光地猛背一气,然后走上考场"可归路",一阵风卷残云般狂答,斩将搴旗,胜利过关,成为有司法从业资格者,有的甚至摘冠,成为地区司法考试第一名。这足以说明,司法考试真正考的是记忆力和为了在脑子里留下应考需要的记忆存留而下了多少工夫。因此,统一司法考试虽然是个好办法,但用目前这种考法来选拔法律人才,实在有点缘木求鱼。英国大法官爱德华·柯克曾经说过:"法律是一门艺术,它需经长期的学习和实践才能掌握,在未达到这一水平前,任何人都不能从事案件的审判工作。"看到这里"需经长期的学习"一语,再对照我们只重结果不重过程的人才筛选妙法,真忍不住涕泪滂沱。

更糟的是,这种只考头脑中积累了多少记忆残渣的考试,完全考不出应试者的品德。这继承了古代科考取士的缺陷,唐太宗时吏部尚书杜如晦曾指出科举考试可以考查言辞文笔而不能考查人品,现在即使在考试中加大了"法律职业道德与职业责任"的题量和分值,也只不过让考生把相关内容多背一气,根本进不了内心。

还有一点不得不说,这种考试只是法律从业人员的入门考试,虽然通过率有限,但通过者也不算算是了解了必要的基本知识罢了,还算不上法律精英。司法机关应当在通过司法考试的人中认真筛选,通过司法考试而徒有虚名的"法律人才",可是一群为数庞大的队伍。

我没有参加过司法考试,但参加过律师资格考试,算是侥幸通过。这两种考试无大差异,想通过的话不需要太高智商:用几个月"输入"再用两天"输出",会做的题,一眼扫过,捉笔就答,宜将胜勇追穷寇,不可沽名学霸王,要是前思后想,犹豫不决,学妇人之仁,就只好完蛋;不懂的,用连蒙带猜的功夫,完成新东方英语教学传授的"不会也对"的伟业,就是通过司法考试的要诀。我为那些一头钻进司法考试辅导班的朋友感觉气馁,甚至想在夜半为他们号啕:他们真以为司法考试有什么秘籍可传呢!

饕餮症与考试经济

各种招牌的司法考试辅导班在每年4月份就隆重开课了。大批面容焦虑而又满怀憧憬的应试士子,背着皮包,拉着行李,四面八方涌来,风尘仆仆奔向各个辅导站、培训点。辅导站、培训点周围旅馆爆满,餐馆火爆,许多闲置已久的礼堂变得人头攒动,一片汪洋式的繁荣景象。这就是考试经济,值得刮目相看的是,在如今金融危机背景下,司法考试辅导班也有拉动内需、出手救市之功,世人不可不知。

组织培训、辅导的,都是眼光敏锐、头脑灵活的人。他们收费很高(收费要是不高,让人疑心没有本事弄到真题,还会有人上门乎)、放出"保过"的气球、使出"透题"的暗示,使天下士子熙熙攘攘入我彀中矣。这本来就近乎骗子与傻子的联袂游戏。

多年来,的确有许多透题的传闻在辅导班内外流传。这个传闻对辅导班主办者不是坏事,借助这个传闻,可以吸引更多投机取巧的人来花钱套题。本来,许多参加辅导班的人,就是想寻个捷径,以便事半功倍地通过司法考试。但也有明眼人一针见血,在网上议论:"据悉各个培训学校在8月份之后都会折腾出一系列的'绝密题'、'预测题',糊弄考生。其实,最后一个月应当把前面的复习成果再次巩固,而不是盲目累加知识点。其实,大家回头看一看万国、三校 2006 年 8 月份的最后几套题,除了牵强的靠了几个知识点的边,哪有什么泄题?但是那几套卷子,害学员耽误了多少时间?"

不过,司法考试题目确曾泄露过,至少有一次被查实是千真万确的:2007 年,一个毕业于中国政法大学、有志在司法界大有作为的深圳考生,因两次参加司法考试都铩羽而归,其继母调动司法部的老熟人窃题相助。太过讽刺的是,该熟人竟是中央纪委监察部派驻司法部纪检组、监察局二室主任,专门负责全国司法考试中舞弊行为的查处工作。主任大人不但将题目泄露给那位深圳考生,还想用此"奇货"额外发笔小财,于是向他人兜售(卖得有点便宜,有"破坏社会主义市场经济秩序"之嫌),结果一传十、十传百,"社会主义法治理念"等题目成为考前几乎人人知道的内容,要不是宁波一监考老师有双慧眼,那些做贼舞弊的就都混进司法队伍或者充当律师在法庭内外"匡扶"起正义来了。

据说曾有出题人参与司法考试辅导,信息直接来自马嘴,在司法考试辅导中,这最为叫座儿;稍显逊色的,是出题人的耆旧良朋从他那里套来题目参与辅导,被称为"有信息的";还有的,并不知道题目,但善于依据以往考题总结规律,对出题人也多有了解,押题准确率较高,这算是中规中矩的,一切在宪法和法律的范围内活动,不怕谣诼四起。我的一些朋友,身为教授、副教授,研究本学科司法考试出题规律有年,给辅导班授课有年,全国各地趴趴走,口才极佳,口碑极好,从 4 月份开始就投身司法考试培训,为那些迷途羔羊指点迷津,一直忙到司法考试开考,挣个盆满钵满。司考自有黄金屋,司考自有颜如玉,谁曰不然?

我曾闻台湾朋友谈及,台湾地区司法官考试很难,司法官考试辅导班也有不少,但都是律师、检察官和法官为人辅导,绝对不会有大学教授参与。我想那是因为台湾教授少,声望高,学问大,收入丰厚,不屑进行这类辅导,以免自降身价。大陆则不然,教授多,收入薄,在米珠薪桂、房价腾跃的新时代,搞学问的收入常如涓涓细流,何时能过上体面生活,要想日进斗金,非到司法考试辅导的讲台叱咤风云不可,这也是绕不过去的特别国情,值得掬一把同情泪。

总的说来,司法考试辅导是个大蛋糕,那些尊奉"行胜于言"闷声发大财信念的人已经饕餮了多年。甚至在司法考试实行之前的律师资格考试时代,就已经风风火火办班收费了。这种培训,只需租好场地、安排好食宿、请来辅导教师,招来学员,就可以隆重开课。租场地、请教师是需要一笔支出的,反正羊毛出在羊身上,一路办下来,收入远远大于支出。这几年办辅导的,也许梦里都在数钞票,笑出声,把窗外觊觎多时的小偷吓跑。

由司法考试引出的综合症,还不止这些,不打住,只怕三天三夜也说不完,为了厉行节约,避免纸张油墨浪费,就此搁笔。拜托各位看官今晚能做个好梦,梦见我阁下陡然成了"三笑"名师,趁机点个小秋香,赚个"大林肯",载得美人归,梦中笑醒两三回。人生愿望,莫过于此。

无以名之,谓之"妄想症"可也。

不该冷落普通判断力

英国大法官爱德华·柯克和国王詹姆斯一世曾有过一场争论,这场争论是英国司法史上的大事件。该件事对英国司法的意义,远胜于汉代张释之对文帝坦言"法者,天子与天下公共也"对我国司法的意义。当时,詹姆斯一世认为,法官不过是国王的代理人(delegates),国王可以自由地将讼案从法官手里拿回来亲自审理,但柯克及支持他的所有法官坚持认为国王没有这样的权力,这成为争论的起因。爱德华·柯克认为:"法律是一门艺术,它需经长期的学习和实践才能掌握,在未达到这一水平前,任何人都不能从事案件的审判工作。"詹姆斯一世却认为:法律建立在理性之上,他和其他人和法官一样具有理性。柯克回答说:"诚然,上帝赋予陛下超凡的智慧和异禀;但陛下并没有精研过英格兰的法律;对于攸关臣民的生命、继承、货品或者财产的诉讼案件是不能依据自然理性判断的,而必须依赖于后天培育的理性(artificial reason)和法律判断,一个人只有经过长期研习和在实践中获得经验才能够掌握法律。"

后人重温这段史实,注意的只是"后天培育的理性"和法律判断,往往忽略爱德华·柯克还提到另外一种理性——"自然理性"。自然理性是每个人从娘胎出来经过 20 年成长就具备的理性能力。后天培育的理性是对从事某些专门领域的人士的特殊要求,对于从事某些行业,需要经过专业训练并积累若干经验才具备的理性能力,司法官职业就是如此,因此,爱德华·柯克这番话成为司法官专业化、精英化的最佳注脚而经常被人引用。

司法办案中的确需要后天培育的理性,如对于法国学者卡斯东·斯特法尼等人所列举的——"就法律问题作出审理裁判,特别是无能力解决因评判证据(例如,心理鉴定或毒品性质鉴定)与发现犯罪人的真正性格而提出的心理、精神、医疗、社会学甚至科学方面的诸多问题",不依靠"后天培育的理性"是不行的;但不是所有的判断都只能依赖后天培育的理性。司法断案,有事实之判断,有法律之适用,事实判断中有些需要借助专家(expert)的鉴定结论或者专业意见作出判断,大多数情况下依赖的都是普通人共有的判断、推理能力。实际上,对于案件以及与案件有关事实的判断离不开自然理性。依据自然理性进行判断,就是依普通判断力进行判断。换句话说,对于大多数事实来说,具备正常智力的人足以作出正确判断。在司法断案中,普通判断力不应被忽视。

这里顺便说文解字一番:普通判断力,即英美人常说的common sense,汤姆斯·潘恩写过一本名著,书名就是common sense,被翻译成"常识"。其实,这里的 sense 本意是感觉、感官,意思是判断(judgement)、智力(intelligence)、推理(reasoning)。普通判断力(common sense)就是一般人都具有的判断、推理能力和所能达到的智力水平。有些国家对普通判断力颇为推崇,英国人就是如此。日本学者池田荣指出:"德国人会说:'学识是上佳的牧师。'(gelehrten ist gut predigen)法国人尝谓:'知识(经验)就是力量(权力)。'(savoir, c'est pouvoir)英国人相信普通判断力(common sense)优越于科学知识,他们厌憎所谓'有学识的傻瓜'。由此产生……业余者统治。"

英国实行陪审团制度,就体现了对普通判断力的推崇。陪审团拒斥法律专业人士,有资格做陪审员的必须是法律的"门外汉"(layman)。法律的外行人参与司法,可以使民众以普通判断力帮助法律专业人士,从而获得更为可靠的结果,它有助于弥补司法官与日益复杂的社会脱节造成的不足。这是因为专业人士常有专业偏见,专业偏见支配下的判断反而不如普通判断力来得可靠。阮毅成先生在其所著《陪审制度》一书中曾言:"向之任司法官者,各国莫不规定须为专门的法律家。但专门之法律家即不免有头脑凝结知识偏倚之虞。即任司法官者,每带有法律的结晶性,而无社会的流动性。社会状态,时有变迁与推移,专门的司法官每依然拘泥于成文,保持旧态,与社会事实,甚至有背驰之倾向。"外行人参与司法,可以将普通判断力引入事实判断。对于不需要依据后天培育的理性进行判断的事实,如果所作判断符合人们的普通判断力,这种判断就容易取得公信力。

在我国,凡官方说法(包括司法裁判)要取得公信力,不能违背普通判断力。近年一些引起社会广泛争议的事件,某些官方说法引起哄笑、嘲弄乃至愤怒的谴责,恰恰是因为这种说法违背了普通判断力。例如,对于躲猫猫游戏让人一头撞死的官方说法,连小学生都会嗤之以鼻,玩过躲猫猫的人多了,没听说躲猫猫能让人一头撞死;还有杭州飙车撞死人事件,官方最初对车速的判断是70码,现场目击者早就披露,车子把人撞飞,死者凌空的高度和飞出坠下的距离,哪里是70码所能达到?发表这类官方说法的大小官员自身并不缺乏普通判断力,他们只是低估了民众的智商,或者权力的傲慢使他们根本不在乎自己的说法背离普通判断力。当舆论鼎沸,批评的声浪把他们弄得灰头土脸的时候,他们能否学会给普通判断力一点尊重?

这类事件给司法断案的启示是:对于案件事实的判定,要经得起普通判断力的检验。评书《蒸骨三验》里讲到,一女子被诬与兄通奸且怀孕8月,该女子到大堂打这场官司,身材苗条,腰部细瘦,在场之人都可以判断这个女人绝无怀孕8个月之事,县太爷本可以靠目测做出这一判断,孰料糊涂县令竟要稳婆上前检验,稳婆因双方都没有事先塞钱给她,上前检验时又被该女子激怒,竟言这女子确已怀孕,女子百口莫辩,在堂上以剪刀自刺身亡。县太爷弄得不可收拾,为保住乌纱,干脆采用移尸之计,将另一个怀孕六七个月的女人杀死,移花接木,李代桃僵,企图将此事掩盖过去,接连闹出三蒸骨确认死者真身的戏码,成就了一段令人拍案、扼腕的故事。说穿了,本可依普通判断力加以明断的案件,一步走错把自己的仕途前程赔个精光,倒霉的又岂止是县官。普通判断力岂可被忽略哉?

行文至此,想起一则笑话:

神探福尔摩斯与华生去露营,两人在繁星之下扎营睡觉。睡至半夜,福尔摩斯突然摇醒华生,问他:"华生,你看这繁星点点,作何感想?"华生:"我看见无数星光,当中可能有些像地球一样,如果真的有跟地球一样,也许会有生命存在。"

"华生,你这蠢材"福尔摩斯说:"有人偷了我们的帐篷……"

这就是普通判断力。

大街上找来 12 个人

每年约有 100 万美国人被邀请去陪审团尽义务,还有一种说法是,每年约有 300 多万美国人被邀请担任陪审员。陪审员从当地有选民资格的人当中选任。担任陪审员的限制因素包括:年龄,公民权,没有犯罪记录,阅读、表达和理解能力,纳税人身份,身体状况,心理能力和教育程度等。陪审员临时选任,需要组成陪审团进行审判时,选择陪审员就成为审理案件的第一步。履行完该案件的审判,陪审员就解除了这一法律身份。

美国前司法部副部长欧文·格里斯沃尔德曾经发出这样的疑问:为什么人们都应认为,从大街上找来的 12 个人应该有特殊的才能来决定人们之间的争端呢? 外行参与司法的做法还常常引起职业法官的质疑,美国联邦最高法院前首席法官沃伦·E.伯格就曾评论说:"把人们召唤来长时间地开会,试图解决大多数是他们无力解决的争端,这是近乎残忍的事。"有些专家小心翼翼地评论:"对于陪审团是否有能力在复杂的案件中合理地衡量证据,或者法官是否有能力这样做,我们目前所知甚少。"不过,这种敌意和怀疑往往可以通过法官令人满意的工作、陪审制度或者参审制度良好的运作状态而告消解。对人们提出的质问恰如其分的回答是经过反复验证的通常情况,"大多数观察者同意,当陪审员们把他们的经验和常识运用到提交给他们的证据上时,他们就表现为人世间最不偏不倚的正义的标志"。

事实上,参与陪审活动的民众都是普通民众而非法律专业人士,也不需要有一定学历或者文凭。原因在于,"法律所要求于审判之人者,乃系一对于人的生活实况、复杂微妙的现实社会,曾亲加探究,即一知悉人情义理、能理解他人之烦恼与痛苦之人,亦即拥有素朴的庶民感情之人,如此始能了解何谓公平与正义,并据而作出深具说服力之裁判;而此所谓素朴的庶民感情,殊与其曾否受专业之法律训练无关。"由外行人参与司法,还可以使民众以普通判断力帮助专家,陪审员与法官相互影响作用的交流能够比法官单独工作获得更为可靠的结果,有助于弥补法官与日益复杂的社会脱节造成的不足。

日本学者池田荣认为,英国人对常识(common sense)的普遍尊崇是促成外行人参与司法的内在动因。common sense 通常被理解为"常识;情理;(由经验得来的)判断力;从生活经验而不是专业研究获得的实际的、好的见识"。常识是"智力所能提供的一般见识,如果一个人不具备它,便会被认作是傻瓜"。伏尔泰云:"'此人缺乏常识'是极大的侮辱。'一个懂得常识的人'同样是侮辱;它意味着他虽然还没有傻到底,但缺乏智慧和理解力。"

我们可以举出不少英美人对普通判断力颇为推崇的例子。英国小说家阿·克里斯蒂借小说中人物马普尔小姐之口对常识进行评价:"这是普通常识的解释。你知道,我发现,那常常是对的。"罗素也曾情不自禁地说:"我即便不在理论上,也在实际上和普通人一样相信常识。"罗素在谈到专家的缺点的时候说过,由于专家具有某一领域的专门知识,他们未免过于看重自己所拥有的那部分知识,夸大其重要性,导致对事物的判断和处理出现偏差;专家还往往轻视人民同意的重要性,看不到施行一种不受欢迎的法律的困难;他们不容易给人们以稍稍懈怠和淡漠不关心的机会,从而使人民常常处在紧张当中,使人民不胜其烦而对这些专家失去好感。"也许大多数的专门家都不自知;假使他们获得了行政的权力,他们的倾向于专制的冲动便会发展开来,再不会像他目前那样是一个和蔼可亲而又心志高远的人了。"

审判离不开常识,某些常识——显而易见的事实——还成为司法认知的对象,无须主张方提出证据加以证明。常识也往往可以排除某些专业知识造成的偏见,使判断能够回到事物本来的面目上去——这个面目往往是简单的。但诉讼中徒有常识也是不行的,没有专业知识(科学)为指引和补充,对事物的认识就会带有很大的局限性。赫尔伯特·A.西蒙就曾经说过:"要产生事实,观察就必须是由合格的观察家去做内行的观察。一个外行对月球岩石的描述只能展示极少的事实。只有地质学家才能从岩石推断出事实真相。同样,只有社会科学家才能从社会产品或社会交流中推断出事实真相。"

陪审团制度本身并不是为了更好地获知案件的真相而存在的,德肖维茨曾言:"从那些对基础事实无知的公众中随机选出几个普通无特殊专业能力者,组成一个陪审团,这样的陪审团不是被赋予寻求历史或科学真相的责任。要寻求这类真相,必须依赖那些经年累月学习相关领域,同时对相关既定事实与理论相当熟悉的专业人士。""……陪审团也并非被要求就到底相不相信'他干了那件事'来投票。陪审团被要求的是,判定检察官所提的证据是否足以排除一切合理的怀疑,而相信他确实犯下罪行。"不过,在发挥陪审制度对司法权加以制约的作用时,也不能不顾及它的非专业性产生的弊端。表现在诉讼中,陪审团对事实的判断离不开法官对陪审团的指导。

长期以来,要判定一个人有罪,实行陪审团一致裁决原则。随着社会日趋复杂,人们的价值观念也趋于多元化,他们对问题的认识比历史上的任何时期都更难以达成一致,因此,在实行陪审制度的某些国家或者地区,这一原则已经有所松动,有的只要求 10 人以上达成一致就可以作出有罪裁决。但在英国的历史上,陪审团一致裁决原则曾经有着相当完美的运作,以致丘吉尔由衷赞叹:"陪审员提出判决时,必须全体一致……此规则之实施,竟不致使刑事裁判搁浅,则颇为可异之事,只可以强烈之民族谱传性解释之。"

我国虽有人民陪审员参与司法审判,有人民监督员参与监督检察活动,但并没有尊崇常识的美意。天下事物,形似而神异者,不可胜数,何足怪哉。

谁来拯救司法操守

著名律师陈长文先生和罗智强先生合著有《法律人,你为什么不争气》一书,书名令人联想到龙应台曾经发表的一篇犀利文章《中国人,你为什么不生气》。陈、罗二位先生之书由若干主题相同的有相当深度的文章组成,主旨由副标题加以呈现:法律伦理与理想的重建。书中有几分激愤地质问:法律人地位日隆,但法律尊严却荡然扫地,"社会如此善待法律人,法律人自己呢? 又做出了哪些事情,对整体社会以德报德呢? 当法律人担当政府重要职位之后,法律人治出了什么样的国家? ……'法律人'的光明时代已经来临,但如果法律与正义却因为法律人的光明,而沦入更黑暗的世界,那么'法律人的光明'将只是一个丑陋的假象。"作者有感在台湾地区某些法律人成功把持政坛、获得大位后,道德沦丧,不断发生贪渎弊案,社会公信力丧失殆尽,令法律人形象蒙羞,试图寻出这样一个答案:法律人,如何才能争气。

其实,社会某一特定群体的公众形象,不仅取决于这一群体内的人对于自己形象的塑造,也取决于公众对这一群体的普遍认知。据说维克多·雨果在《悲惨世界》中塑造了警长沙威这一角色以后,法国警察在民众心目中就不再讨喜,很多年翻不了身。对于警察来说,这真有点冤枉。不过,即使雨果的魔笔有这么大的功效,警察的日常作为恐怕也起到了一定的放大作用。不知现在法国人心目中的警察形象是否仍然如旧,他们是否已经变为受人尊重的角色。法国文学中这一现象让人产生联想——自己国家法界人士形象如何？在我国旧小说中，除包拯等公案小说的主角外，很多故事中的司法官形象都很糟糕，他们逢迎上司、贪财纳贿、武断专横、刚愎自用、颟顸无能。吾人有幸活在当代，那些久远的事没有亲见，是不是实况如此，不得而知，只知道对司法官形象的文学描述，多少反映了当时人们对司法官的一般认知。要是换了现在，司法官给人留下的还是如此印象，就值得深以为戒了。

法律人的公众形象究竟如何，需要到公众中调查了解。在台湾地区，这项工作早就有人在做。台湾政治大学苏永钦教授在《当前司法问题的症结》一文中，对台湾地区第二次民众"法律认知及态度"调查结果进行分析，提到：1985年他与陈义彦教授等共同完成了一项法律社会学调查研究，成功访问了1452家户，对民众法律认知与态度，包括对法官、律师、法院及法律的看法；10年以后的1995年，他与陈义彦教授等再度联手，成功访问了1226家户，得出的结论颇不乐观，对法官和律师的主要印象都以负面者居多，对法官的负面印象是：对一般老百姓较不客气、容易受上级压力影响、会拿红包、不太懂社会实务，其中最普遍的负面印象竟是"会拿红包"、"有钱能使法官推磨"。与之相应，对律师负面印象有唯利是图、冷酷无情、送红包走后门等。苏永钦教授发现：并非媒体长期的负面报道强化了对法官、律师的负面印象，调查表明，恰恰是司法过程的实际经验强化了负面印象与不信任感，所谓外界渲染造成不利于司法的刻板印象之说，不攻自破；另外，也不是"诉讼既有胜负，自然会有一方不满"造成负面评价较高，调查表明，诉讼有输有赢并不是造成对司法的正面评价无法攀升的原因。对司法的评价不高和缺乏信任，还需要从司法自身寻找原因。

这种对法律人的专门调查,在中国大陆还没有展开过,不过,每年人民代表大会对法院、检察院工作报告的表决结果,似乎也折射了民众对于司法所持的观感;网络上民众对司法表达的看法,更直接反映出司法人员在公众心目中的形象。

公众评价高也罢,低也罢;司法形象好也罢,歹也罢,都与法律人自身的操守有关。法律人群体的堕落,当然有社会环境原因,也有制度缺陷原因,但法律人本身甘自堕落、自毁形象,也是重要原因。认识不到这一点,法律人就只会向客观归责,就会丧失自省能力,就不会主动做自宫式改革。《聊斋志异》中《梦狼》一则,述白某贿赂当路,得首荐为官,蠹役满堂,纳贿关说者,中夜不绝,其弟流泪劝止,白某如此回答:"弟日居衡茅,故不知仕途之关窍耳。黜陟之权,在上台不在百姓。上台喜,便是好官;爱百姓,何术复令上台喜也?"将自己的作为完全归因于官僚体制,似乎与自身操守无关。我也听到有律师抱怨,现在律师之所以靠关系打官司,甚至不惜行贿法官,都是司法环境所逼,不这样做,就只有吃亏,自己不做,对方也会这样做。我疑惑不解的是,如果有证据表明对方律师违反职业纪律妨碍公正司法甚至行贿法官,就应当痛加揭露,甚至一把火往上烧,烧出个清凉世界;要是没有证据,只是猜疑,岂能凭臆测对方,"理直气壮"通过旁门左道来谋取司法利益?大家共同尊崇法律的正当程序,促成良好的执业环境,不仅符合法律人长远利益,也符合社会大众的福祉。法律人光靠社会环境的变化和司法制度的完善来拯救自己的形象,不完全靠得住,离开严格自省和努力自新,这个群体就会沉沦不起。

台湾地区 1989 年掀起的"道德自新运动"印证了这一点。这场运动表现了法律人的一次集体自我觉醒,前因是"司法厅"第四厅厅长吴天惠的夫人苏冈律师倚仗丈夫职位,在办案中长期贿赂检察官,借此从司法中渔利。当检察官陈松栋拒绝受贿时,苏冈竟说出:"我就不相信,台湾还有不收钱的检察官。"新竹检察官被激怒,高新武检察官领头调查此案,拒绝受贿的陈松栋检察官担当"告发人",所有知情法官、检察官担当"证人"。1989年1月11日"司法节"那一天,吴天惠和苏冈被逮捕,引起社会震动,虽然吴天惠被判无罪,但苏冈被判有罪并坐牢。民众闻讯,对司法刮目相看,司法公信力因此增长。此前半年,谢启大等法官发起"还给我们一个纯净的审判空间"运动,反对司法界和民间干涉法官独立审判,这是台湾地区的法官第一次"自觉"的运动。五六年以后,台湾地区出现了另一大案,引发"上上级风波"。当时检察官拒绝"检察总长"传达的"上上级指令",坚持独立办案。这一连串行动,最终促成法官、检察官挺起脊梁,独立办案,这才有了后来"扁家弊案"的水落石出。当年拉法业贪渎弊案爆出,时任台北地方法院检察署检察长的黄世铭认为证据不足,"检察总长"卢仁发强令黄世铭起诉,被黄世铭坚拒,反请卢仁发出具书面命令资为依据。数日后,卢仁发不但不出具书面命令,反而将黄世铭撤职,施茂林接任黄世铭之职,立即奉命起诉。时至今日,卢仁发已退休,施茂林涉嫌贪渎被起诉,黄世铭因司法品格操守坚正被任命为现任"检察总长",真令人感慨。

谢启大在谈到吴苏案时,曾言:"当时,新竹地区的司法人员,大都是一些有理想的人。这也是一个风气问题,'物以类聚',那些要贪污的就不愿意进来,适应不了这里的环境。所以,这一台湾司法历史上里程碑式的事件就发生在新竹地方法院。"这让人联想起民国初年,光复不久,法界人士以气节相尚,面貌一新,适逢宋教仁遇刺,上海地方检察厅不但抓获凶手,还向总理赵秉钧(传说还向袁世凯)发出传票,其胆大如此,都因司法风气和司法人格使然。

台湾地区司法界"道德自新运动",让我想起一些国家法官审判独立的实现,正是法官自己争取的结果:英国柯克大法官在国王面前据理力争,虽然丢官罢爵,却开启了英国司法独立的大门;日本在办理大津案时,大审院院长儿岛惟谦顶住压力,坚守司法独立原则,使司法独立不再只是纸面上的法律,也成为行动中的法律。所有这些,都需要司法官"咬住青山不放松",做不到这一点,就没有今日法治之局。

苏永钦先生谓:"当前的改革者似乎花了过多的力气在处理审判独立的问题——非常典型的供给面思考。独立问题当然值得重视,而且审判的干预确实一直是戕害司法的大敌。……事实上,在各方面都趋于多元开放的后威权时代,只要法官的身份与职务保障达到相当程度,审判不独立即不再是结构性问题,而是个别审判者的操守问题(把持不把持得住的问题)。"当司法道德沦丧,司法人员形象一时尽墨,司法公信力降至谷底,民众普遍不信任法院和法律,司法人员不能坚持操守,难辞其咎。面对司法颓坏情形,我们应当仿效陈长文和罗智强,来一声棒喝:法律人,你为什么不争气?!

比这更重要的,是司法官的扪心自问。

检察服的"颜色革命"

国家官员闲暇居家或者外出,和普通人一样,穿什么衣服,是他的自由,得体就好,没什么统一规定;要是履行职务,就需要郑重其事,不能袍褂冠屦乱来一气。官员执行公务或者民众出席典礼等活动,穿什么衣服,曾由政府专门规定。在正式场合,对于人们衣着要求的专门规定,过去称为"服制"。由服制令确定的统一、制式服装,就是"制服"。

余生也晚,对于民国时期司法人员的制服以及各朝官服,只能通过照片、图画、展览馆的展品和影视片一览其式样颜色。这样看下来,大体都还有些朦胧印象。近来读民国时期旧法令,见当时的政府专门下达法令规范司法官员和律师衣着,忽然憬悟服制之事似亦国家之大事,是马虎不得的。

民国时期,政府专门下达服制令来规定司法官员和律师在执业中穿什么。1913 年 1 月 6 日政府就曾下达服制令,对推事(法官之旧称)、检察官、律师和书记官的制服作出规定。当时的大总统敕令第一号曾经规定:推事、检察官和律师制服用黑色,领袖及对襟均须镶边。制服镶边各以颜色区分:推事用织金,检察官用紫绒,律师用黑绒。书记官制服的颜色也是黑色。制服令同时规定了推事、检察官、律师和书记官帽子的式样和颜色,"帽檐用绒,色用黑,侧面及上端均缘边,各如制服镶边之色"。服制令还专门规定:"凡制服制帽均用本国丝织品、毛织品。"同年 1 月 30 日,司法部以训令第 28 号公布《推事检察官律师书记官服制施行令》,规定推事、检察官、律师和书记官于服制令施行后凡莅庭时均着用制服,莅庭就席后得脱制帽置于案上,但审判长或推事于宣告判决时须起立戴帽。制服制帽皆为莅庭使用,法庭以外应服礼服的,着普通礼服。民国政府在 1911 年 10 月 3、4 日对于民国的男子礼服、女子礼服作出规定,分大礼服(用本国丝织品,色用黑)、常礼服两种,常礼服又分甲种和乙种两式,规定都很具体。1914 年 10 月 20 日,司法部发出第 802 号敕令,云:"法官制服自有定式,自应遵守奉行。近闻京外各厅对于此项制服往往借口简便,制造多不如式,即如袖宽尺寸不遵图注,任意改用窄袖之类,既乖礼制,又失庄严,本旨仰各该长官等随时督查,凡查有不如式之冠服,一律迅饬更正改造。至于检察官除莅庭外执行职务,观瞻所系,虽不必遽用制服,亦岂宜便服从公?嗣后各厅检察官于莅庭外执行职务时,均一律穿用甲种或乙种礼服以昭郑重,仰即遵照并分别饬遵。此饬。"

民国时期对服制如此郑重规定,与清乃至清以前各朝对于服制特别重视有关。据说唐宋元诸朝,官服颜色有紫、深绯(大红)、绿(唐有深浅之分)和青(唐有深浅之分),以紫为贵。明代以绯为贵,与前朝不同。黄色唯皇帝可用,各级官员要是用了,就是僭越,后果堪哀。古代官员以颜色区别品级,元代以袍之前胸后背所绣花草图案区别官级,明代创立补服,文官绣鸟,武官绣兽,不同级别的官员,鸟兽种类不同。清代一改明代宽袍大袖,官服为外褂内袍,不再以颜色区分等级,一律采蓝色或石青色,改用蟒袍的蟒爪数来区别官级,并沿用了明代的补服制。清代的制帽分凉帽与暖帽两种,顶饰珠宝石,不同品级的颜色不同,一品至三品官的制帽还饰有金花或孔雀翎。记得少年时看电影《林则徐》,看到罢黜官员"夺去顶戴花翎",深感惊讶,花翎之重要,在内心留下深刻印象。古时不但官员服制严格,读书人与其他一般人的服装也有区别,《儒林外史》中,某商人竟穿戴读书人专用头巾,被人发现揪着打了一顿,印证了圣人所谓"服之不衷,身之灾也"的古训。

清代官员的补服如此严格,民国当然也不宜疏忽草率,于是政府下达服制令统一制服,顺理成章。清以前没有检察官,晚清才建立检察制度,"官"之不存,"衣"之安附?当然无检察服可言。不仅没有检察服,也没有专门的法官服,兼理行政的法官穿的就是统一的官服。到了民国时期,才有法官、检察官、书记官和律师的袍服。

民国时期固定下来的法官、检察官和律师的袍服皆为黑色,但领、襟、袖用不同颜色以相区别,法官为蓝色,检察官为紫色,律师为白色,目前台湾地区实行的服制仍然如此。蓝色有青天之意,白色表示捍卫清白。唯检察官的紫色不知何解,大概是从民国初年检察官制服上的紫绒装饰而来;至于代表何意,我问过台湾地区的检察官,张熙怀主任检察官言:"这表示检察官在履行职责时应当主动、热情。"但暖色那么多,为什么用紫色,也不可考。我戏言:"这大概表示检察官在文武百官中红得发紫。"我推测,检察服不用红而用紫,大概是因为红色容易让人联想到血,穿上这样的制服可能让人联想到嗜血好杀,故而用紫不用红。以紫为贵的古老传统是否也影响到择色,就不得而知了。

新中国成立之后,检察官的制服完全不同了。共和国检察服几经变化,有三代之分。对于第一代检察服,我本毫无印象,近年在井冈山人民检察博物馆展品里和《检察日报》有关报道中才有所领略。对于检察服,印象最深的是豆绿色制服制帽和当今正在使用的藏青色西式服装。从豆绿色到藏青色,大概算得一种"颜色革命"了。

20世纪80年代,看到穿着豆绿色制服、戴着大檐帽的检察官走在街上,有人会嘀咕出声:"这是哪个军种?什么部队的?"那时的检察官服制,不但与军服样式类似,颜色也容易混同。到了90年代,没有跟检察官打过交道的市井中人,一眼瞄到,摸不着头脑。

那时的法庭,穿着军服式样制服、戴着大檐帽的,不仅有检察官,还有法官。他们头上挺着坚硬的大帽檐,帽檐鲜红的国徽下面,是一张张严肃的脸。他们两肩上的肩章,同样醒目。在外国来访者眼里,这个场面,像极了军事法庭。

那时许多行使公权力的行业,都仿效军警制服样式来设计自己的制服,一时间大盖帽纷纷峻挺。不仅如此,连火车上的乘务员,也一人一顶大盖帽,穿梭往来于拥挤的客运车厢。至今,作为一种遗绪,许多保安公司的行业制服,仍然保持着军服或警服式样。有诗纪其盛云:"出门上了道,满街大盖帽。"曾有农民感叹这一奇景,开玩笑曰:"几十顶大盖帽,管我一个烂草帽。"

不约而同依军警制服式样设计制服,并不是想象力贫乏的表现。很显然,服装式样,特别是制服式样,是一定社会意识和价值取向的反映。设计制服,追求的是整齐划一,体现职业认同和身份识别,当行使公权力的行业设计制服时,注重的是制服所发挥的符号性作用,这种符号性作用期望凸显一种权威,展现的是凛然的威严。在80年代的社会意识中,没有比军警式样的大檐帽更具有权威感了。检察官制服选用军服式样,不值得大惊小怪。

豆绿色的检察官制服成功地从外在服饰上创造了检察官的职业认同,也明确昭示了检察职业和检察权的权威性,有助于增进检察官的凝聚力;权威的符号作用,一定也为办案提供了助力。不过,从衣着舒适和美感看,这种豆绿色的检察官制服(尤其夏装)有着明显不足。豆绿色美感略逊,不如草绿。这种颜色除了具有区别于法官制服和警服的作用之外,不知还有什么别的意义。检察帽徽和两个肩章本为法庭设计,为了使观者看清楚,尺寸明显偏大,不适于穿着上街,面对面近距离观察下,这些饰物显得不够协调。

一般说来,衣着的理由有三:身体防护;文明有礼;外在装饰。人们重视制服的目的之一,是要赢得尊敬并确定其个人归属。一个人的衣着需要与他的身份角色相适应,一个群体也是如此。衣着在文明社会的发展中具有重要地位,随着时代的变迁,服装式样有可能发生显著变化。例如,法国大革命标榜自由平等,服装样式随之发生变化,"一扫过去虚饰浮华而又难穿的贵族情调,开始代之以简素的希腊情调的有实用价值的衣服。……当时把希腊的民主主义共和国的社会形态直到生活样式乃作为优秀的榜样来看待"。

在我国,20世纪90年代中期改良检察服制,采用蓝黑西装样式、胸前缀以特定徽章的方案最得人心,最终讨论成案,很快得到决策者首肯,检察官形象一新,想起来真值得欣慰。

藏蓝色西服式样的检察服,穿起来意气娴雅,视瞻聪明,庄重而不轻佻,简洁而不累赘。不仅颜色沉稳大方,与检察工作的严肃性相协调,契合检察官的身份;而且式样美观得体,无论出席法庭还是出门办案,感觉磊磊落落、利利索索,不会有扎眼感觉,较原来豆绿色制服不可以道里计。红色国徽的大小也恰到好处,太大则突兀,太小而不显。

检察工作的特点是简洁、明快,藏蓝色西服与这种风格相一致。无论侦查检察官还是起诉检察官,穿起来都显得十分精干。这种非军警式样的制服,既彰显了检察官的职业身份,也减弱了豆绿色制服曾有的浓重的官色彩,拉近了检察官与民众的距离,有助于检察机关司法理念的转变。有论者指出,在法治国家,实行民主的结果是官威没落,"官吏不过是执行法律的公仆,而法律又在官吏之上。政府或官吏的行动如果超过法律范围,人民随时可向法庭起诉,在公平审判中争个是非曲直"。久而久之,养成习惯、社会风气和普遍的政治现象,那就是:在这法治而不是人治的国度,官吏们没有什么可怕的威严。他们知道自己也是平民出身,受平民的委托,去执行人民直接或间接的法令,他们自身的政治命运要按期受人民直接或间接的审核,所以他们也极力以平民化作为行为的标准,以符合民治精神。检察官服装的变化,对于减弱检察官的官意识大有裨益。在官威减弱的同时,对民众的亲和力和民众的信赖感都会随之上升。

日本学者原田二郎、丹野郁指出:"从历史角度观察某种现象时,一经求索,是会找出它科学依据的,服装式样也是这样。服装式样的改变,并非哪个人信手拈来的,可以说它反映了时代思潮,是顺应时代的产物。"检察服制的变化,不仅仅是换身衣服而已,它反映的是权力观念和法律意识的变化。在藏蓝色检察服上,我们看到的——

不仅有美感,还有美意。

检察官的风度如何养成

俄罗斯作家索洛乌欣曾含蓄地指出,知识与举止风度是一种令人羡慕的个人素养,不必有其他功利的目的:"告诉我说应该去印度。于是我开始准备,主要是阅读了有关这个国家的大量书籍。然而出访取消了。在同特瓦尔多夫斯基谈话时,我抱怨说白白花了很多时间阅读那些大厚书",特瓦尔多夫斯基回答说:"您使我想起一位外交家,他将被派往某国当大使,他花了几个月时间学习和训练自己的举止风度。后来也取消了他的出国任职,他也不满意,花了如此多的时间获得了令人赞叹的风度和举止。"

如果仅把礼仪看做是外交家出于职业需求要做的一套表面文章,或者上流社会社交界表明身份的一套身体语言,就看不到遵守礼仪其实是个人素养的一部分。萧芳芳女士曾言:礼仪的"出发点不外是处处尊重他人、事事处理得当","真懂礼仪的人不论跟什么阶层的人在一起,不论身边的人懂不懂礼貌,他都是态度自然得体,令人心里有说不出的舒服与自在","因为礼仪的精神是处处为他人着想,要是能用于日常生活,我们的社会将会可爱多了"。

礼仪也非仅属于个人的言谈举止准则,社会民众和国民都应遵守之,"礼仪之邦"便因此而生。许多职业群体,也都需要遵守特定的言谈举止准则,这代表了公司品位、社会的文明程度乃至国家的形象。

检察官不仅应遵守一般礼仪,还应遵守特定的司法礼仪,原因便是如此。

检察官乃一种高尚职业

有一种西方司法传统不应被忽视,那就是:检察官是一种高尚职业。不仅检察官是这样,整个法律人群体都是如此。明了这一点并以此自我约束、自我塑造、自我激励,才不会玷污法律人这一职业和称谓。

检察官自其诞生之日起就有身份优势。中世纪的法国设置了国王法院行使审判职权,一切罚金和没收物最终都成为国王的收入,以私人弹劾的方式行使刑罚权的做法已经不能适用,1200年以后,法院内设置了"国王代理官"(procureur de roi)的职位,郑保华云:法国当12世纪之末叶,法国国王有所谓代理人者,代理国王办理私人事务,其最初之资格,无异于私立法人代表人,其职务亦仅限于国王之私事,而其后竟代国王赴审判厅提起民诉,迨至1318年虽有废代理人制度之举,迄13世纪中叶,代理制度反益形扩张,即关于刑事案件,于一定情形,亦得不由被害人起诉,而使代理人为之,致代理人由国王一身使用人之性质,一变而为国家官吏之性质。到了15世纪,国王代理官除了对一般犯罪行使追诉权外,还"负起执行判决和监督法官的任务"。17世纪,路易十四颁布法令,要求各级法院设置检察官,检察制度遂完全构筑而成。法国大革命后,国王代理官变成了作为公益代表人的"共和国检察官",权力仍然很大,在刑事诉讼中独占公诉权,处于原告官的地位;并有指挥预审法官和执行判决的权限。在民事诉讼中,有监督裁判当否与陈述意见的权限。在司法行政方面,更有指挥监督警察、律师和法院辅助官吏等权限。郑保华指出:"至共和三年之法律,1810年之法律,及1883年之法律与其他附属法令颁布施行后,检察制度方完全成立。"检察官和检察制度的出现,为公诉制度的形成提供了前提条件。

法国检察制度为现代检察制度确立了模式。受法国检察制度影响的国家,检察官一般都具有身份优势。沙皇俄国检察官甚至被称为"沙皇的眼睛"。此后许多国家纷纷由君主制转为共和制,检察官从君主的代理人变为国家的诉讼代表(我们在法庭上常常说"国家公诉人",来源于此),一些国家更赋予其法律的守护神的职责、地位。是故,检察官待人接物,言谈举止,莫不代表国家之形象,不可等闲视之。

从角色作用看,天下的检察官都一样充当追诉犯罪的重要角色。汉斯·托奇所谓:"检察官的工作总的来说是建构一起案件,一个人死亡了,一家商店被抢劫了,一个伪造的支票被兑换了。检察官必须评价可能揭示这一事件的事实和情况。从事实和情况中他必须绘制一幅排除了对最终被起诉的被告人的无辜的怀疑之图画,要做到这一点,他就必须具有将所有证据的丝线技巧地最终编织成一幅有罪缀锦的能力。"这种角色使检察官被认为"站在天使这一边"。与辩护律师相比,检察官有一个天然的优势,那就是检察官出于保护公众抵御来自犯罪人的威胁的目的站在人民一边,因此更容易被看做是"正义的化身",而辩护律师有时被看做是"魔鬼的代言人"。在民众眼中,检察官代表好人。正如德肖维茨所说:"他们(指检察官)代表的是法律与秩序、他们代表受害者与人民或者州政府抗诉罪人——至少在大部分的情况下是这样的。他们是公仆;他们站在真理与天使那一边。"

检察官的职业特点、身份优势为检察官司法角色的形象塑造提供了前提——作为法律职业者,检察官不应是庸碌无为之徒;作为具有天然身份优势和负载了民众厚望的司法官员,检察官也不应是粗俗无礼之辈。

诉讼心态决定检察官的言谈举止

检察官不是褊狭的一方诉讼当事人,他的意识构造内有较为强固的正义意识、道德意识与人权意识。有论者言:检察官维护社会正义,促成其实现,倘无正义意识,必不能明辨是非,守正不阿,与社会恶势力斗争到底。若无道德意识或者道德意识不高,实不配担任检察官之职务。无人权意识,也不能以公平态度保障人权。检察官的意识构造对其采取的行为和待人处世的态度至关重要。

检察官的职业特点是庄重、干练、明快。我国之检察官的制服取蓝黑西装,胸前佩戴国徽,蓝黑取其沉稳。选用西装表明检察官干练、明快、做事不拖泥带水、不迟滞延宕,从检察官服装可以窥见检察官的诉讼心态和行事特点。

检察官在诉讼中乃积极角色,民国初年检察官的服装用黑色,领、袖、对襟皆需镶边,镶边为紫绒。此后检察官服装仍然采黑色,其领、袖(其实是无领宽袖)及对襟采紫红色,寓意是检察官须热情、主动从事检察工作。

在诉讼中,检察官应恪守客观义务,以客观态度办理案件,且以客观态度收集证据,对于不利和有利于嫌疑人、被告人的证据一律加以注意,不可囿于一己之私见。检察官不汲汲于给被告人定罪,假使被告人被判决无罪,只要此判决符合正义(实质正义或者程序正义),检察官亦应欣然接受,此所谓"胜(诉)固欣然,败(诉)亦可喜"。

检察官还应恪守诚实义务。以国家公诉人身份参与诉讼,应以正大光明的手段实现诉讼目的,不可歪曲事实真相,隐瞒有利于对方的证据,以对世人良心造成冲击的方式(俗谓之"缺德"方式)欺骗对方获取证据,只有这样,检察官才能获得信赖,确立尊严,进而为法律立信,起到"不落一字,尽得风流"的法律教育作用。

检察官应保持谦逊态度。有学者谓:检察官为顺利实现国家赋予的任务,必须获得各方之合作,包括同事、其他辅助机关、诉讼关系人及民众之合作。要实现通力合作,检察官不能不出以谦虚态度。

检察官应保持一种对公民自由权利的敬畏感,有此敬畏感,则检察官不像"官"。没有官老爷的架子和官气,容易保持一种谦抑的姿态。在民主国家,官威已经没落,国家官员往往不像"官"。有如一位学者所言:"在宪政民治之下,民权有了保障和人民自己选拔官吏的一个结果,便是人民不怕官吏,人民知道法律是根据公理而来,官吏不过是执行法律的公仆,而法律又在官吏之上。政府或官吏的行动如果超过法律范围,人民随时可向法庭起诉,在公平审判中争个是非曲直。"在民主与法治国家,国家官员对个人自由权利有一种经过长期历史形成的敬畏感,侵犯个人自由将引出许多麻烦,不但自己会吃上官司,侵犯行为取得的成果(如违反宪法取得的证据)也往往会丧失。久而久之,养成习惯,形成社会风气和普遍的政治现象,那就是:"在这法治而不是人治的国度,官吏并没有什么可怕的威严。他们知道自己也是平民出身,受平民的委托,去执行人民直接或间接的法令,他们自身的政治命运要按期受人民直接或间接的审核。所以他们也极力以平民化,做行为的标准,以符合民治精神。"这一特点,在检察官身上得到清楚的展现。

有这些职业心态,检察官对被追诉的人和一般民众就不会颐指气使,谦恭有礼的风度就容易养成,而一个彬彬有礼的检察官比一个咄咄逼人的检察官更能获得民众的尊重与信赖。

检察官的言谈举止风度如何养成

礼仪是一套言谈举止的准则，原本是上流社会的一般行为准则，有不少准则如今已经为社会普遍实行。检察官的言谈举止，首先要符合社会一般准则，诸如"恰到好处的握手，是大方地把右手伸出去，手掌和手指全面投入地接触对方的手，用不轻不重的力度握着对方的手，轻轻地掂一掂"（萧芳芳：《洋相》），又如在交际场所与陌生人交谈，"虽是善意，但目不转睛死瞅着对方"或者"目光冷冷地盯着对方"都是失礼的行为。对了这套礼仪，检察官不可不知亦不可不遵行。至于随地吐痰、在非吸烟区吸烟之类，更与检察官的应有形象相异，应当禁绝。

检察官的着装仪容也很重要，应当给予更多重视。民国初年编辑的《司法例规》收录了有关服制、礼仪的法规，当时对男女礼服服式、颜色、面料专门作出规定，还专门发布《推事检察官律师书记官服制令》、《推事检察官律师书记官服制施行令》等，男女礼仪（如庆典、祀典、婚礼、丧礼、聘用、用脱帽三鞠躬礼等），这种颁布专门法令规定服制、礼仪以便一体遵行的做法，值得怀念。

检察官除遵行一般礼仪外，对于与特定职业身份有关的司法礼仪，更马虎不得。检察官成为众人瞩目的场合通常是法庭。在法庭上，检察官在众目睽睽之下，其衣着装束、言谈举止都展现了法律职业者的风度修养。在对抗激烈的竞技性司法中，检察官的言谈举止甚至对其诉讼成败产生影响，一个吆吆喝喝的检察官会给诉讼参与人和一般民众恶劣的观感。英美法律人才特别注重法庭上的风度展现，总结许多实用的经验。丹宁勋爵曾言："无论在什么法庭上，你必须给人留下一个好印象。你的外表能说明很多东西。衣着要整洁,不要不修边幅;要修饰好装束;声音要悦耳,不要刺耳,不能不和谐;声调要掌握得使每个人都听着很自然;咬字要清晰,不要吐字含混;讲得不要太快也不要太慢。""还有:不要把手插在兜里,这会让人觉得你懒散;不要身穿长袍,手拿铅笔,面带焦躁不安的神情,这会让人觉得你紧张;不要与身边的人小声交谈,这会显得你对其他人不够尊敬;不要'嗯'呀、'啊'呀的,这会显得你思维得很慢,不知自己下面该讲些什么;要避免令人讨厌的矫揉造作,它会分散听众的注意力;不要迟钝;不要总重复自己说过的话;讲话不要冗长,否则,就会使你失去听众。"

检察官应当有涵养有风度。要养成风度,须从以下几个方面入手:

一是要具备人文素养。获得人文素养不能仅仅依靠法律和法学。作家龙应台言,应从历史、文学、艺术等"人文学科"(humanities)获取对人的历史、人的存在、人的价值等的深切体察和感悟,随之才有人文素养的生成。清代汪祖辉在《学治臆说》中也说:"经言其理,史记其事。儒生之学先在穷经,既入官则以制事为重。凡意计不到之处,剖大疑、决大狱,史无不备,不必刻舟求剑,自可触类引申。公事稍暇,当涉猎诸史以广识议。慎勿谓一官一邑,不足见真实学问也。"检察官不读书不看报,很难形成对人的历史、人的存在、人的价值等的深切体察和感悟,没有这样的体察和感悟,要成为有涵养有风度的检察官,无异于缘木求鱼。

二是培养对个人自由权利的敬畏感。这不仅需要个人修养,还需要法律改良加以配合。如果法律注重对政府权力不加以限制,在国家权力执掌者面前,个人的权利不能得以伸张,对个人自由、权利的敬畏感就培养不出来。反之,一切依法办事,侵犯了个人自由、权利就会得到制裁,官威就不会膨胀,官员就会态度谦逊、彬彬有礼。

三是增进传统文化素养。古人修身养性之说多矣,如《论语》中便有许多修身之论,又如《养正遗规》有许多传统礼仪方面的内容,包括修身、处事、接物、衣服冠履、言语步趋等礼仪规矩,《从政遗规》收入了一些官箴,其中有的已经不合于现时代,但也有不少仍有现实适用的价值,如有官箴谓"为政须通经有学术者,不学无术,虽有小能,不达大体,所为不过胥吏法律之事耳"。显而易见,从传统文化中汲取营养,不失为增强检察官涵养风度的路径。

四是从体育中培养公平竞赛精神。检察官在诉讼中与辩护方展开司法竞技,这种竞技应在"公平竞赛"(fair play,旧译"费尔泼赖")原则下进行。fair play,本来是运动场上的术语,意味着公平或者不偏不倚地对待,意味着公平的或者同等的机会,意味着正义。在英美国家,公平竞赛的精神是从小培养起来的。我国学者薛涌撰文指出:"美国人从小培养精英的方法和我们不一样。在学校不是一天到晚读书,体育常常比读书更重要。"体育之所以重要,不在于功成牟利,"一般老百姓也鼓励孩子在体育上逞能,甚至为此不惜血本。目的,主要不是我们所谓的'锻炼身体',更不是要成为体育明星赚大钱。体育是一种教育,一种精神修养,一种人生态度"。诉讼不是恃强凌弱的压迫战,法律人特别需要有"公平竞赛"的观念,此种可以从公平的体育竞技中养成,英国人的道德教育方法值得我们借鉴。

五是提高官俸改善待遇。管仲云:"仓廪实而知礼仪,衣食足而知荣辱",国家丰养廉之银,免使检察官枵腹从公,使他们对自己的职业有自豪感,礼仪的推行与遵行就水到渠成了。

检察百年感言

不该错过的百年华诞

中国检察制度悄然走过百年。

法律界似乎没有多少人注意到这个重要日子的来临和离去,除了海峡对岸的检察机关进行了一番世纪回顾,用展览去纪念这个日子。在中国大陆,检察制度百年华诞的重要纪念日,来时不觉去亦不知、春梦秋云般逝去了。一个值得庆贺的日子,走得落寞。

也许,这样一个日子没有受到重视,本来无足为怪。事实上,检察制度的生辰早就被一些法史专家搞乱,变得模糊起来。在这模糊的视阈里,法律人一谈起检察制度起源,法史家的思绪便立即如超人般飞到先秦,然后坐上漂流橡皮艇在历史长河中一路滑过秦汉唐宋元明清奔到当代,沿途捡到的什么御史大夫、御史台、都察院,都编入检察制度史,仿佛中国检察制度真的自古有之。检察制度真正呱呱坠地的那一天,反而被忽视了。

我在这里不得不大惊小怪地嚷嚷,中国往古无检察制度。这个制度诞生于 1906 年(光绪三十二年九月二十日),那一年政府颁布《大理院审判编制法》,要求"凡大理院以下各审判厅局均须设检察官,其检察局附属该衙署,于刑事有提起公诉之责,检察官可请求用正当之法律,监视判决后正当施行"。次年正式设检察厅,配置检察官。检察机关附设于各级审判机关内,即在大理院设总检察厅丞,在高等审判厅设高等检察长,在地方审判厅设地方检察长,但相对于审判厅,检察官独立行使其职权。《高等以下各级审判厅试办章程》(1907年)规定检察官负有如下职权:刑事提起公诉;收受诉状请求预审及公判(公开审理);指挥司法警察官逮捕犯罪者;调查事实搜集证据;民事保护公益陈述意见;监督审判并纠正其违误;监视判决之执行;查核审判统计表。在《大理院官制草案》中,大理院附设的检察机关称"司直厅",设总司直一人;设司直四人,辅佐总司直分任检察事务。那前因是,清朝为收回治外法权,打起精神,开始仿行西方法制。1902年清政府下诏宣布"参酌各国法例","务期中外通行","与各国无大悬绝",并派沈家本、伍廷芳为修律大臣负责修订现行法律。所以,中国检察制度的接生人,便是沈家本、伍廷芳。

沈家本把这个赤子抱出来的时候,军机处、法部、大理院会奏核议大理院官制折中谈到它的身世,云:"远师法德,近仿东瀛,其官称则参以中国之旧制,亦既斟酌中外得所折中。查推官之名肇自有唐,相传甚古,然历代皆属外僚,不系京职。考宋时大理有左右推事之称。拟改推官为推事。司直官称,亦缘古制,惟名义近于台谏,拟改总司直为总检察厅丞;改司直为检察官。"仿佛检察官不过为中国固有职官,现在改个名称而已。

显然,国人乐于接受中国在先秦就有了检察制度的说法,就像乐于接受高俅是中国足球之父一样。殊不知,这是托古改制的老手法,类似的例子还有司法独立,山东巡抚袁树勋曾上奏折云:"窃维司法独立,名词则新,而意义则古。虞廷明刑,皋陶惟知执法,秋官设属,乡遂俱有专司,诚以教养事繁,不能兼治刑狱。"把职权分工看作司法独立,得出的结论是"如此斟酌变通,则司法独立之实,既可举行"。这类议论,旨在减少或者消除新制度的阻力而已,认不得真。

早有人对检察制度自古有之的说法发出质疑。民国时期学者刘钟岳著《法院组织法》云:"我国在清德宗(光绪皇帝)设检察厅以前,无所谓检察制度。史籍所载,虽谓侍御史职司纠举百僚,推鞫狱讼,监察御史掌分察百僚,巡按郡县纠司刑狱。但一方检罪犯,一方又审理罪犯,是检察与裁判之职责集于一身。与今日之检察官,不得兼审判官者,绝不相侔,故可谓我国往古无检察制度。"耿文田著《中国之司法》亦云:"我国以前之御史,有人以为即现在之检察官,又有人以为即现在之监察委员,孰是孰非,虽未可遽白,要御史检举犯罪之官则一。按现在之检察官和监察委员,执掌不同,性质亦异。"楞抱着何仙姑叫舅妈的法史学,混淆检察官与监察委员执掌与性质的区别,自说自话罢了。

民国时期学者朱采真在谈到检察制度身世时云:"我国现行检察制度本来是模仿日本,日本却是脱胎于法国。"再看法国,在1200年的时候,法国王家设有一种代理制度,起初不过代替国王处理他一身的事务,后来代国王提起民诉。1318年,北部的君王Pluhbbe第五世,曾经废除代理制度,到14世纪,代理制度仍旧遍设于法国全境,并且,扩充了代理人的职务,不仅代理国王民事诉讼,就是关于刑事案件,不必一定要被害人起诉,在这种场合,国王代理人可以行使检举职务,这就是现代检察制度之由来。不过那时还没有成文法规定,如同1400年Charle第五世的布告,1453年Charle第六世的布告,虽则都是一种改良法制的通告,但却没有制定代理人制度。到了1500年才制定成文法,设置公共吏,这公共吏的性质已近似现代的检察官。从1522年到1670年,经过louis第十四世等的布告,明白规定检察官的上下的阶级以后,检察制度才渐渐完备。后来又添设上级检察官,叫做总检察官,于是完成了检察制度。2006年台湾大学王泰升教授提出"检察制度世纪回顾"委托研究报告云:"1906年的大理院审判编制法,创设了中国前所未有的检察制度,按检察制度源于欧陆。帝制中国史上秦汉之御史台、明清之都察院,其职责在于纠弹百官之不法,与欧陆职司检举一般犯罪的检察官不同。"如果中国在先秦就有了检察制度或者近似检察制度,世界的法律制度起源的历史就要改写。

无论对于一个大学、一个商号还是一项制度来说,百年都是值得纪念的重要日子。以前曾读过日本辩护士联合会编辑的《辩护士百年》一书,该书由共同通讯社制作,图文并茂,追溯自明治9年(1876)至昭和51年(1976)辩护制度走过的百年历程,让我印象殊深。我们太热衷于把中国某些制度的历史追溯到久远的洪荒时代,其结果反而失掉了历史;当中国检察制度的生辰被追溯到先秦的时候,它便没有了自己的生辰。中国检察制度百年华诞,因此被错过。

一百年等来的这一天,失之交臂,不可惜吗?

几十年前争论的硝烟

"国情"一词,本来说不清楚。当年引入检察制度,许多人反对,认为检察制度与国情不合,那理由是:百姓遭受冤屈,自行到官衙鸣冤告状,自古如此,剥夺此项权利,让检察机关实行公诉,乱了祖宗的章法,与国情民俗不合。检察制度移植进来之后站稳了脚跟,倒没发现与中国的水土不合,"国情"是阻止这类移植的翻天印,幸未成功。

检察制度自娩出之日起,争议不断。危及它存续的言论,时有耳闻。检察机关被撤废也不止一次,说这个制度的命运有点多舛,不算夸张。

民国时期法学界腾起一阵硝烟。硝烟环绕的,是检察制度存废问题。此争论一起,即使最终有惊无险,倘检察制度有知,也还是要悬上一阵心。20世纪80年代末政治体制改革,撤废检察机关之议又起,关心检察制度命运者惊出一身冷汗。看起来,若说检察制度已经固若金汤、动摇不得,这话要打个大大的折扣。

在民国时期,争论的硝烟因检察制度而起——检察制度娩出,这个制度运作效果和存续的必要性引起非议。检察制度本非中国固有之制度,横空出世之后,当然引起一阵骚动,有拥护者,有反对者,针锋相对,展开论战。争论的焦点是检察制度该存在还是该废除。耿文田记述这场论战:"检察制度存废问题,为法学界争论之焦点,聚论纷纭,莫衷一是,主张存在者有人,赞成废除者亦有人。总之,任何制度有利必有弊,有弊亦必有利,万无有利无弊或有弊无利之制度也,检察制度何独不然。主张废除检察制度者有其正当之理由,主张存在检察制度者亦有其极正当之理由。"

拥护检察制度的人认为,被害人行使控诉权有严重不足,倘若被害人因恐惧而不起诉、因私欲而不起诉、因冷淡而不起诉,国家刑罚权就无从行使,检察制度恰可纠正这个缺陷;另外,由检察官承担公诉,审判官就不至于一身兼有两种职务,人们期待的公平更可以实现。有论者称:"推事审理案件,有检察官参辅其间,犹不免发生错误,若一旦废止检察制度,取消检察官,恐审判官之武断草率,敷衍塞责,视前更甚,期其审判公平,岂可得乎。"

反对检察制度的声音也不弱。如谓:"我国检察,沿自前清,当专制时代,以朕即国家之观念,附会国权诉追主义,而成此蹂躏人权之机关,实则民主国家当采民权诉追主义,即使检察官依法尽责,亦第伸张国家之威力,剥夺人民之诉权,按之主权在民之旨,殊不相合。"再谓:"案经判决之后,被告人可随意上诉,而被害人不服时,以漫不相关之检察官为其代表,岂能尽悉被害人之意旨,尽知被害人之隐情乎?苟检察官不予上诉,则被害人只有含冤隐忍,别无救济之法也。"又谓:"原告高坐于上,被告俯首于下,原告为具有法律知识之官吏,被告则为相形见绌之平民,殊属违反平等原则。"最尖刻的说法是:"国家多设一机关,人民多增一痛苦,检察制度实无存在之必要矣。"

检察官垄断追诉权是当时引起非议的原因之一。自古以来,都是被害人或者他的亲属鸣冤告状,告状的权利一旦转给检察机关,摇头叹息者便不乏其人。他们与中国的司法传统尚未割断脐带,当然觉得吃不消。曾担任过京师高等检察长等职的杨荫杭(老圃)反对检察官垄断追诉权,疾呼:"司法改革以来,最不惬人意者,莫如检察官垄断追诉权。"这种制度"最不合中华之习惯与中华人之心理"。他还批评说,该制度是从日本生硬移植的结果:"中华法政人才以出于日本者居大多数,故中华人之食日本法,如日本人之食鱼,生吞活剥,不暇烹调。所谓'国家追诉主义',即其一例也。"几十年后,贺卫方隔代唱和,不但把这个观点介绍一番,还别有深意地说:"杨荫杭先生大约不会料到,时到二十多年之后,中国居然设立了一种与法院相平行,不仅有追诉权,而且对法院亦行使监督权的检察机构。不过,这一次不是学日本,而是沿袭苏联体制。"了解老鹤(贺卫方)法律观点的人都知道,这段话与他限制检察机关权力和降低检察机关地位的主张是合拍的。

检察制度将审判权与公诉权切割,分由不同国家机关行使,此种分权作用,使审判权受到来自控诉权和辩护权的双方制约,纠问制下的武断专横的局面为之一变。检察制度亦为弥补被害人控诉不足而来,若控诉权只操于被害人之手,因被害人不敢、不愿、不能控诉,受不告不理原则限制之审判权不能主动作为,国家刑罚权就一脚踏空,落实不了。检察官行使公诉权,在法庭上与审判方和辩护方鼎足而三,已经成为世界绝大多数国家刑事诉讼的基本格局。英国检察制度本不发达,1985年以《犯罪起诉法》强化检察制度,表明米字旗的国度按捺不住,要效法大陆法系扩张检察制度,不能不说反映了西方司法制度的必然趋势。

五里雾中人,有知前途而行进者,有逛歧途而盘桓者。几十年后,当天青雾散之时,重新回顾这场争论,是耶非耶能够看得更清楚些。检察制度该存该废,值此百年之时,真想起逝者于地下,问其观点、想法是一仍旧贯,还是焕然一新,想必非常有趣。

当年,耿文田慨乎其言:"在前清末叶,我国法制维新时代,政府能毅然采用最新发现之检察制度,已足为创造特殊文化之特性之表现,洎乎今日,检制已成为我国旧物,为国家计,纵不能扩大其职权,亦当保存而改善之。为发扬文化计,亦当阐扬而更新之。断不可轻于雇弃。"耿文田真检察制度之知己也。

太岁头上动土

世间惨事,一旦形诸文字,真是触目惊心。

蔡东藩著《民国演义》,叙至民国初年国民党翘楚宋教仁中弹就医,云:"时将夜半,医生均未在院,乃暂在别室少待,宋已面如白纸,用手抚着伤处,呻吟不已,于(右任)俯首视他伤痕,宋不欲令视,但推于首,流泪与语道:'我痛极了,恐将不起……'";"未几医生到来,检视伤处,不禁伸舌,原来宋身受伤,正在右腰骨头稍偏处,医生谓伤势沉重,生死难卜。……解开血衣,敷了药水,用刀割开伤痕,好容易取出弹头,弹形尖小,似系新式手枪所用,而且有毒。宋呼痛不已,再由医生注射止痛药水,望他安睡。他仍宛转呻吟,不能安枕。"勉强挨到黎明,宋令报告中央,由黄兴代拟电文,沪上同志,陆续入院探望,"宋蹙眉与语道:'我不怕死,但苦痛哩。出生入死,我几成为习惯,若医生能止我痛苦,我就死吧。'"众人酸楚不已,共商延请良医剖治。五名医生剖割,取肠医治。缝合后迷药解去,宋徐徐醒来,仍是号痛,后病势加重,气喘交作,几不成声,延宕许久,终于"长叹一声,气绝而逝,年仅三十二岁。唯两目尚直视未瞑,双拳又紧握不开"。这番描写,细致入微,逼真如见。宋教仁在病榻上备受煎熬,让我们看到的不是一个谈笑中刮骨疗毒的"英雄",却是一个活生生的真人,令人感动,为之怵惕,都源于此。

先是:民国初立,第一届国会选举,国民党在参众两院中占得十分之六七席位。宋教仁决意以议会政治和国民党的优势来牵制袁世凯,指斥时政,力促改良进步。不久,宋教仁接到袁总统急电,受邀赴京商决要政,宋以为老袁省悟,可使其组成政党内阁,兴致颇高。3月20日(一说为21日),宋教仁踌躇志满,于沪宁车站启程北上,不料晚10时14分走出接待室行至月台,突遭刺客枪击,身中一弹,随后又响两枪,幸未伤人。黄兴送行,惊愕异常,急呼捉拿凶手,四望哪有一个巡警!凶手遂逃之夭夭。这事很容易让人们联想到事件背后隐藏着阴谋。

陶菊隐先生所著《袁世凯演义》也有细致描写:凶手开枪后"在夜幕沉沉中向车站外逃走,因为刚下过一阵毛毛雨。凶手在湿漉漉的沥青马路上一脚滑倒,巡捕追踪赶来,他飞快地爬起来开枪拒捕,一霎眼不知去向。巡捕认得逃犯是个穿黑呢子军服个子很矮的人"。

案发之后,不仅友人相向恸哭,全国舆论亦为之哗然。陶菊隐称宋教仁案"是民国成立以来第一次发生的政治大血案。……这是因为,这次血案的被害人是国民党的领袖之一"。地方侦办案件格外重视,蔡东藩云:当时上海县知事、上海地方检察厅悬赏缉捕,沪宁铁路局也出资悬赏,"沪上一班巡警,及所有中外包探,哪个不想发点小财?遂全体注意,昼夜侦缉"。1913 年 3 月 23 日,古董字画商王阿法到英租界捕房报称:一周以前因卖字画曾去巡查长应桂馨(夔丞)家,应拿出一张照片,要他谋办照片上的人,愿出酬金1000 元。王阿法不敢答应。宋遇刺后,王阿法见各报刊登宋照片与他见照片相同,特来告发。应桂馨随即被捕,进一步拘得若干可疑人,经沪宁车站服役的外国职员辨认,认出凶手武士英(真名为吴福铭);在应宅搜查,又搜得凶器手枪一柄,枪内余弹两枚,经检验,与宋教仁体内取出的子弹相同。从应宅搜到不少信件,从电报局取得应桂馨发往北京的电稿,发现国务院秘书洪述祖(著名戏剧家洪深之父)有参与策划刺杀嫌疑,国务总理赵秉钧与应桂馨时常通信,内中有"毁宋酬勋"的话,也脱不了干系,案发后,国民党交通部接到的若干匿名信件,表明老袁政府与戕宋大有关系。黄兴给宋教仁写的挽联道出不少同志的心声:"前年是吴禄贞,去年是张振武,今年是宋教仁;你说是洪述祖,他说是赵秉钧,我说确是袁世凯。"案件继续侦办,经与英法领事严重交涉,武士英(即吴福铭)从外国人管理下的捕房转到中国人的押所,令人意想不到的是,移交不久,凶嫌竟然暴死,蔡东藩不禁叹道:"可见中国监狱,不如西捕房的严密,徒令西人观笑,这正是令人可叹了。"凶嫌暴死,更令人怀疑政府高官与刺杀事件有牵连,正如陶菊隐所言:"这样一个新鲜活跳的人儿,死得不明不白,人们不禁想起中国历史上所常有的一篇老文章,这篇文章叫做'杀人灭口',或者叫做'死无对证'。这篇文章使人一望而知,做得也不高明。"几十年后,美国肯尼迪遇刺案件发生过同样一幕,至今令人充满疑虑,阴谋论之盛行,当然有其原因。

当时侦办宋案的,是上海地方检察厅。检察厅厅长陈英等人办案相当用力,连日检查收集的文件,与宋案有关的,一律检出,公同盖印,并拍成照片。上海审判厅开庭,传讯应桂馨,应一味抵赖,原告律师金泯澜要求洪述祖、赵秉钧来案对簿公堂,使案件水落石出,使法院洞悉确情。上海地方检察厅遂发出传票,令洪述祖、赵秉钧来沪质审,此时洪述祖隐匿在青岛不出,赵秉钧则置之不理。另一方面,社会舆论鼎沸,"各处追悼宋教仁,如挽词演说等类,多半指斥政府,就是沪上各报纸,也连日讥弹洪赵,并及袁总统。赵秉钧自觉不安,呈请辞职,奉令慰留,宋案遂至悬宕"。

上海地方检察厅办案,可谓漂亮,不仅将真凶揭发出来,而且创造了中国司法史上一大奇闻,杜保祺在《健庐随笔》中谓:"宋教仁在沪被刺,上海地方检察厅侦知为袁世凯及其亲信赵秉钧所嗾使,遂均发票传之。"小小检察厅如此目无"领导",眼里只有真相和法制,这还了得?于是"袁以区区法吏,竟敢动虎须,大愤"。这一"大愤",耐人寻味。

回眸民国初期的乱象,不能不说,暗杀,大概也是一种进步,没有一点现代民主,也不会有对宋教仁的暗杀。向前推若干年,皇帝老儿要除掉一个人,明杀就行了,还要暗杀做什么?有所顾忌才要暗杀,哪里有独夫暴君搞暗杀的呢?革命党也搞暗杀,那是因为力量对比悬殊之故也。

民国初年检察机关敢向袁世凯及其亲信赵秉钧发出传票,也

是一奇,民国以前不可想象者也。

当时上海地方检察厅敢于捋动虎须,太岁头上动土,有其原因,"光复之初,民气发扬,法界中人,亦多守正不阿,以气节相尚",这是中国古代气节与现代司法官品格结合的结果,民气发扬的时代气象使守正不阿的法界人士挺起腰杆,展示了检察机关在民主政治中可能发挥的作用。国家政权更迭,起初总有崭新气象。假如当时政治局势允许,此精神得以延续,司法史可圈可点的事迹就会很多了。可惜时不我予,癸丑革命失败后,老袁下令取消各地法院,恢复县知事兼理司法。政治民主和司法独立遭受重大挫败,"司法独立之精神,摧残殆尽。"

尽管如此,失望之余还有一点欣慰。上海地方检察厅的侦查和传讯,还是起到了发酵作用,"袁恐赵发其覆,遂鸩之死",人们评论说,这不能说"非上海地检处传票之力也"。

检察机关在民国初年侦办宋教仁案,给中国检察史开了个好头。此后检察官也有重气节而秉公执法者,命运如何,就往往不得而知了。杨绛在谈到她的父亲杨荫杭(1878—1945,字补塘,笔名老圃)时说:杨荫杭"在辛亥革命后做了民国的官,成了卫护'民主法治'的'疯骑士'——因为他不过做了一个省级的高等审判厅长,为了判处一名杀人的恶霸死刑,坚持司法独立,和庇护杀人犯的省长和督军顶牛,直到袁世凯把他调任。他在北京不过是京师高等检察长,却把一位贪污巨款的总长(现称部长)许世英拘捕扣押了一夜,不准保释,直到受'停职'处分。《民国演义》上提到这件事,说杨某其实没错,只是官官相护。据我理解,我父亲的'立宪梦',辞官之前早已破灭"。有些事,知易行难,硬着头皮去做,当然容易遭受"灭顶"(纱帽飞去)之灾。

此后广州和武汉国民政府决定司法改革（1926年，1927年），废止检察厅，在法院内设置检察官，审检一家亲；又保证各自独立行使职权，节约财政开支。有人恭记其盛，云："审检双方都感到满意。"此言大概不虚，到现在台湾地区仍然实行审检合署制。国民政府还革新司法人员，破除法官的资格限制和特殊保障，"使革命者易进，不革命者易出"，司法也党化，"民国三大翰林"之一的徐谦极力拥护，将"党治"的基本原则贯彻于司法，眉飞色舞地说："现在法院，一切都受党的指挥……而司法部长听党之指挥，所以就党化。"检察官当然也都跟着党化，检察机关成了"使革命者易进，不革命者易出"的机构。1927年8月17日，蒋介石主政的国民政府发布《反革命案件陪审暂行法》，不但规定法院审理共产党案件必须由国民党党部指派6人组成陪审团参加审判，而且各地国民党最高级党部认为判决不妥当，得"声请检察官提起上诉于最高法院，检察官接到前项声请书，应即提出上诉"，此所谓"奉命上诉"也，检察官被纳入"乖"的系统，不复闻法界中人"守正不阿，以气节相尚"矣。然而暗杀却在继续，李公朴、闻一多被暗杀，已经不再有地方法院检察官捋动虎须，太岁头上动土了。

世事到了这地步，共产党的炮声也越响越近，检察官手上的《六法全书》快要成为一叠废纸了。

莫道下岭便无难

听王克先生偶然谈到苏联检察制度，云："苏联检察官地位很高，一身戎装，待遇也佳，检察官都比同级别的法官的工资要高出五十卢布。"言谈之中，对苏联检察制度心向往之。

中国发生席卷大陆的"颜色革命"，法律与司法遇到清末以来最大变局，法德欧陆式检察制度也为苏联式检察制度所代取。

1950年9月4日,中共中央指示成立检察机构,指出:"苏联的检察是法律监督机关,对于保障各项法律、法令、决议等贯彻实行,是起了重大作用的。我们则自中华人民共和国成立以后,才开始建立这种检察制度,正因为它是不同于旧检察的新工作,很容易被人模糊。但因为它是人民民主专政的重要武器,故必须加以重视。"中央确定的检察官选任标准表现了此种重视之意,这标准是:"负检察责任的干部(指非技术事务性干部),必须政治品质优良、能力相当、作风正派之人,不可滥竽充数。因为这不同于普通司法机关。"这后半句话,说得中肯,值得三复其言。

此前几个月,即1949年10月,《中央人民政府组织法》规定中央人民政府之下设置最高人民检察署。1950年1月29日,中共中央宣布检察署"是人民政府用以保障法律法令政策之实行的重要武器,与资本主义检察的性质、任务、组织各有不同",要求先将各大行政区及所属之省与主要市、县的检察机关有重点地次第建立检察署。1954年,中共中央在新宪法颁布前夕又提出:"加强人民检察署的工作,进一步健全人民民主的法制,是必要的和可能的。"当时"全国三分之二以上的县份还未建立检察署,已建立的地方,由于机构、制度不健全,也还没有对一般刑事案件和重大民事案件负责进行侦查工作,即检查、起诉工作,因而在处理各种案件上还不能与法院、公安机关有力地配合",最高人民检察署党组称:"这是各级法院或公安机关发生错捕、错押、错判案件及假案的重要原因之一"。

建立什么样的检察体制,其重要性非明眼人不能识。苏联检察机关确立垂直领导体制是秉承列宁的统一法制思想而来的。列宁对检察机关功能和体制的设计高明而睿智,相比之下,斯大林等人就逊色得多了。十月革命取得胜利后,领导苏维埃中央执委会工作的中央委员会就检察机关的体制问题发生了意见上的分歧:大多数委员主张"双重"从属制,以多数票否决了地方检察官有权从法制观点上抗议省执委会及一般地方当局的任何决定,认为"两重"从属制是进行反对官僚主义集中制和维护地方当局的必要独立性并反对中央机关对省执委会人员之高慢轻忽态度的需要。列宁闻讯写了《论"两重"从属制与法律制度——致斯大林同志转中央政治局》一文,对"两重"从属制提出措词强硬的质疑,指出:"中央执委会该委员会中多数人的决定,不仅本身是最大的原则上的错误,不仅把'两重'从属制的原则根本应用得不正确,并且破坏那确立法制和起码文明性的一切工作。"列宁认为:"关于法律制度一层,不能有加路格省或嘉桑省的法制,而只应是全俄罗斯统一的,甚至是全苏维埃联邦共和国统一的法制","法制应当是统一的"。列宁指出:"应该记住,检察机关与一切政权机关不同","检察长的唯一职权是:监视全共和国内对法律有真正一致的了解,既不顾任何地方上的差别,也不受任何地方上的影响"。"检察长的责任是要使任何地方当局的任何决定都不与法律相抵触……必须设法使对法制的了解在全共和国内,都是绝对一致的。"检察机关只服从中央节制,超越地方,正是对抗地方影响、钳制其他一切官僚主义的保证。隔许多年听到列宁这番话,忍不住为之击节称赞,此贝卡里亚所谓"最显而易见的真理"乎?

不过,中国人有自己的想法,检察制度安排并没有完全按照列宁的思路走。1954 年 6 月 12 日,中共中央批示说:"在宪法颁布后,检察机关将实行垂直领导",不过,"今后各级党委对本级检察署党组的领导,不但不能削弱,而且必须加强",看起来我国要仿习苏联实行垂直领导了。但中共中央又强调:"检察署党组和所有党员必须严格服从党委的领导,检察署党组必须加强和改善向党委的请示报告工作,使检察工作除了受上级检察机关的领导外,同时又受本级党委的严密领导和监督。"有了后面的话,当然就不复有垂直领导矣。同在共产法系,中国检察制度与苏联检察制度还是有若干差异,并非亦步亦趋。到如今,检察体制仍是双重领导,"垂直领导"一词只在学术研讨和检察人员的呼吁中还偶尔听得到。

1954年制定的《中华人民共和国宪法》,将人民检察署改称"人民检察院"。同年《中华人民共和国人民检察院组织法》通过,及至1955年,全国各地各级检察院都建立起来,转过年来,铁路检察院、水上运输检察院和军事检察院也相继建立,检察制度瓜熟蒂落,检察机构遍地开花。那些激情燃烧的岁月,至今想起,仍然令人心动。

不过,检察机关命运多舛,革命形势如火如荼地最终革掉了它的命。正所谓:"莫道下岭便无难,赚得行人错喜欢。正入万山圈子里,一山放过一山拦。"1957年到1966年,检察制度无可挽回地式微下去,检察职能已经难以履行。"大革文化命"展开到1968年上半年的短短两年里,全国检察机关大部分被激昂的革命群众砸烂。1968年12月,最高人民检察院也被连根拔掉,全国各个检察院像多米诺骨牌一样相继被撤销。1975年1月修正通过的《中华人民共和国宪法》第25条规定检察机关的职权转由公安机关行使,算是最终宣告了检察机关的死讯,检察制度被一纸法律盖上不再有血色的脸,那纸下的面庞可曾瞑目?

所幸等待的时间还不算太过漫长。1978年的《中华人民共和国宪法》重新设置人民检察院,确定其根本职能是法律监督。中断的生命重新活过来,据说刚刚恢复最高人民检察院编制时仅有90人,实际还不到这么多人,北京东城区北河沿大街147号院子已经足够使用,隔壁民政部的院子原本也要给最高人民检察院,却被最高人民检察院婉拒:地方已经足够大啦。不过10年光景,最高人民检察院的检察干部已经数百人,再过十年多,不得不拓展办公用地,为此还拆去了一座漂亮的四合院。在为大院子高兴之余,我真为小院子惋惜。

成长的烦恼还是有的。民谚云:"大公安,小法院,可有可无检察院。"在公检法三机关中,检察院最不为百姓所熟悉,甚至出现过怀孕妇女腆着大肚子到检察院要求做B超给"检查一下"的笑话。20世纪80年代末精简机构时甚至还有将检察院撤销之议,显然也是觉得检察院可有可无,撤了并不可惜,令人着实为检察制度捏了一把汗。

如今"司法改革"成了人们双唇打磨得锃亮的词,中国的法律和法学取法的对象不知从什么时候起由苏联转向英美国家了。在全球都在美国化的现时代,这本来无足为怪,却对依照苏联模式建立的中国检察制度带来不好的讯息。英美国家检察制度不如德法大陆诸国发达,检察机关也不如后者强势,相信"国家越专制,检察机关地位越高"的美国法律人对于中国学者和法官批评检察机关位高权重(实则位高则高矣,权却不重)自然大表赞赏。对检察机关的审判监督权和法律监督职能的质疑像射出的冷枪子弹时常呼啸而过,检察机关有点像鲁迅《补天》中的女娲,"只觉得耳朵边满是嘈杂的嚷,嚷得颇有些头昏"。

1996年《刑事诉讼法》修改便试图压缩检察机关的权力,降低检察机关的地位。如今《刑事诉讼法》又要再次修改,又兼近日有港人建言内地应仿效香港建立廉政公署,检察机关的侦查权有可能被进一步限缩。许多检察官都面临一个困惑难解的问题:检察机关会被司法改革裹挟着换了一番面貌吗?

好在检察制度核心的内容(公诉权)无论如何是不会动摇的。1910年,刑事诉讼律草案告竣,沈家本将草案上奏朝廷,奏云:"犯罪行为与私法上之不法行为有别。不法行为不过害及私人之利益,而犯罪行为无不害国家之公安。公诉即实行刑罚权以维持国家之公安者也,非如私诉之权为私人而设,故提起之权,应专属于代表国家之检察官。"倘沈家本有知,我倒愿意去轻叩墓门,问百年来演变形成的现制是否应删汰成公诉一支?

只有公诉权的检察机关是司法公正之福吗?沈家本在世,恐怕也难解答这个疑问。

走过百年,留下思索

在山西芮城游永乐宫,听道士谈老子,云:"为何道家始祖叫老子?只因他妈妈怀孕60多年,生下来就是老头,所以叫老子。"当时听来不觉莞尔。现在听人谈检察制度已有悠长的数千年历史,便想起对老子来历的这个别样说法。按一些法史学家的说法,检察制度大概在母胎里孕育了五千年,生下来便是几千岁的耄耋老人,老到连自己的岁数究竟多少,也说不清楚。

其实,检察制度从呱呱坠地,到2006年,恰好一百年。

这一百年的历程,并不尽是坦途。百年激荡的政治风云,使检察机关在夹缝中求生存,谋发展,时而伤痕累累,时而珠散玉碎。1979年以来,检察制度渐渐恢复元气,但在司法改革的一波又一波的浪潮中,检察机关在国家体制内的角色定位和司法活动中的职能配置,随着明潮暗流而上下左右前后起伏摇摆。未来走向究竟为何,在全球都在美国化的今日,检察机关是否也会美国化?检察机关是否会失去法律监督职权乃至侦查职权而成为一方诉讼当事人?检察机关面临一个可能的变局。

有人期盼这样的前景尽快出现;也有人疑虑重重,怀疑这是鲁莽的选择,可能使法院失去制衡、司法偏离正义。

1906年(光绪三十二年),伍廷芳起草诉讼法草案。伍廷芳学英美法出身,自然对英美法情有独钟,在诉讼法草案中偏于英美法之规定,毫不奇怪,其中采用陪审团制度,有样学样,中规中矩,只是最终没能实施,算是白忙一场。检察制度远师法德,近学东瀛,采行欧陆国家模式,属于取法乎上,后来又改学苏联,苏联检察制度也由欧陆国家脱胎而来,检察制度始终沿着大陆法系检察模式走到今天。英美国家检察制度本不发达,20年来受到欧陆国家影响,检察制度有所加强,但检察官(控方律师)始终只是一个原告律师的角色,与领有侦查权的欧陆检察机关(警察机关只是辅助机关)相比,小巫见大巫。在清末《大理院官制草案》中,大理院附设的检察机关承法部尚书之命监督审判,调查案证,并调度司法警察官及司法警察,完全是大陆法系检察制度的模样。检察制度若改弦易辙,从欧陆国家模式转向英美国家模式,检察机关可能变得认不出自己。

如果是这样,我们是否过于草率和鲁莽地割断了自身历史的纽带,投身到一个陌生的道路,用十几年、几十年来做试验,走得辛苦、跌得腿断再重新找回原来的路?检察制度是否非自焚不可才能寻求涅槃,我们总得知道何为珍珠、何为鱼目,何为最适合我们的制度安排。

司法改革大概是与文化守成主义相对立的,为了领异标新,我们总有点心情急躁,如北京旧城改造般迫不及待地拆墙毁院,把过去制度移植和司法运作辛苦建立的制度和积累的经验,毫不可惜地丢掉。

检察制度经过一百年,似乎并没有建立起一种司法传统,E.希尔斯在《论传统》一书中云:"传统——代代相传的事物——包括物质实体,包括人们对各种事物的信仰,关于人和事物的形象,也包括惯例和制度。"中国检察制度的一百年,蓦然回首,有许多悲壮沉痛的事件需要梳理,有许多光荣的时刻需要忆起,还有许多寥落的星光引逗思绪。一百年,也许足够形成一种司法传统了,我们的传统在哪里?

在检察制度百年历史上,我们有太多妨碍司法延续性和制度稳定性的风霜雨雪,过去的事物没有持久性,使得好的司法传统建立不起来,承继不下去,法律文化也失去积累的机会。

站在百年的时间点上,我们需要对检察制度走过的一百年进行理性的分析和深入的思考,思考我们有过什么,毁掉了什么,失去的又是什么。我们缺乏的,不正是从过去汲取力量和启迪,找到通向未来的正确之路吗?

以气节相尚的法界人士曾经虎虎生风,以惩恶为责的检察机关曾经凛凛生威,检察制度曾经负载人民对于国家法治的殷殷期望,司法公正至今关系着千百万人不能自控的命运。

E.希尔斯曾言:"很少有人提出要复兴属于遥远过去的信仰和制度,这一过去的历史已经为后来者所淡忘。"我们喜欢扮演改革者,却几乎忘记改革应稳稳站在历史坚实的地面才不至于随风而逝,迷失自己。行文至此,禁不住感喟:在检察制度一百年的时候,应当有更智慧的人对检察制度的百年历史提出有见地有深度的分析,为检察机关找到一种精神力量,不要让检察制度一百年来风雨飘摇的苦辣酸甜被人遗忘,检察历程中的经验和教训湮灭无闻。我也希望有一册检察制度百年大事记在手,让过去那些重大事件和真正值得尊重的已经随着时光逝去的检察官的照片和事迹展现在面前,让我们不仅看到检察机关有庄严的现在,也有充满光荣、梦想和屈辱、哀伤的过去。

孙谦先生在江西筹建中国检察博物馆,所费心力不少。馆成,吾人登堂入室,与沈家本先生的眸子相对,与一百年的中国检察的兴衰荣辱相对,与从历史走出的希望相对,这时会有的怦然心动,岂是一时的情感波澜?

一百年过去了。对于过去,我们需要的,是充分的了解;对于现在,我们需要的,是不断地自省;对于未来,我们需要的,是开放的心态。中国检察制度处在司法改革的交叉路口,跟着狼奔豕突的盲动式改革的音乐跳舞固然不足取,抱残守缺拒斥一切制度调整也非明智。检察制度面临新时代的挑战,对于这挑战,检察机关应当无负国民的期望和历史的证言,以足够的智慧、充分的自信和崇高的使命感作出理智、明达、创造性的回应。

> 我的热情的献致,容许我保持
> 这显示的神奇,这现在与此地……

卷七　volume 7

切萨雷·贝卡里亚

每个办理刑事案件的司法人员的案头,都应备有一本书,这就是切萨雷·贝卡里亚的《论犯罪与刑罚》。办案闲暇,时常翻开来读上一段,久而久之,心智会有所不同。所谓"转变司法观念",在品茗之暇读贝氏几页书,要比大会小会耳提面命、标语口号三令五申有效得多。

《论犯罪与刑罚》是地道的法学经典著作。足以称为经典的著作,无不是人类智慧和创造性的结晶,值得反复阅读和咀嚼,而且常读常新,成为我们智慧的来源。朱熹所谓"问渠哪得清如许,为有源头活水来",这源头活水最有营养的部分,就是那些历久弥新的典籍。

毕业于帕维亚大学法律专业的意大利刑法学家切萨雷·贝卡里亚(Beccaria, Marchese Cesare Bonesana de, 1738—1794)以《论犯罪与刑罚》一书名世。1936年郑竞毅、彭时所著《法律大辞书》之补篇,介绍贝卡里亚(当时翻译的中文译名为"培卡利阿")云:"意大利之法理学家,兼经济学家,精通法理学及经济学,其识见拔卓一世,后为奥国之高官,鞅掌国务20年之久。其间关于谷仓、货币、度量衡制度之报告,十进位法之采用,均有所尽力,彼对于法理学,反对死刑论,详论刑法之改正。"其所著书,"除关于反对死刑,著《犯罪与刑罚》一书外,又有《经济要论》一书行世。意大利人誉之为意大利刑法学之开山鼻祖"。实则贝卡里亚不仅是意大利刑法学之开山鼻祖,在世界刑法学之历史上也是一重镇。

这本书的写作用去了他一年多的时间,1764年7月16日首次出版。书不厚,翻译成汉语只有区区10万字左右,分为42节;每节篇幅都很短,花上几分钟就可以读完。但文笔优美、逻辑严谨、想象力丰富并充满雄辩。最重要的是,书中提出了许多后世刑事立法和法学研究奉为圭臬的思想,如刑法三大原则——罪刑法定原则、罪刑相适应原则和刑罚人道化原则。他还提出了无罪推定原则,并主张废除死刑,严厉抨击刑讯,认为遏制犯罪的有效手段不是重刑而是刑罚的即时性。他的许多话鞭辟入骨,如谓:"人们差不多总是把制定极重要的规则交给智力平凡的人去做,或者交给那些为了自己的利益反而反对施行最英明的法律的人们去处理。……人们只有在对生存和自由来说最重要的问题上成千上万次地走出了迷途之后,只有当他们受尽了极端的苦难而筋疲力尽以后,才动手消灭压迫他们的无秩序状态,并且开始理解最显而易见的真理。"又谓:"不管死刑所造成的印象是如何的强烈,但是这种印象会很快被遗忘,人们甚至是对待最重要的事情上也会有这种善忘情况特别是受到欲望的影响以后。"诸如此类,他的书中充满了这样的慧语,读来既启发心智,又赏心悦目,许多段落真是精彩到令人掷书三叹。

我最早读到的贝卡里亚《论犯罪与刑罚》,是20世纪80年代在重庆求学时得到的。那是西南政法学院刑法教研室1980年10月翻印的,浅蓝色封面,没有著译者的介绍,也没有著译者姓名,凡97页。为节省篇幅,没有扉页,第97页就印在封三上。该书虽然印制粗糙,但至今伴随身边,一如风雨故人,或者现在女性间流行语所谓"闺密"(闺中密友)。薄薄一册,拿在手里,敝帚自珍,亲切得很。

现在坊间很容易买到的是黄风译本,从意大利文翻译过来。国内出版社还出过贝卡里亚《论犯罪与刑罚》以及其他若干文章汇编在一起的英文本。至于《经济要论》一书,吾未见过中译本,也不知贝卡里亚在经济学中地位如何,想必与其在法学中的地位不可同日而语。

人们常常议论,在数(shǔ)字儿(以字数论而不是以质量论)学术评价制度下,只有一本10万字专著的贝卡里亚要是在世,在我国能混个副教授已很勉强,遑论教授?我国刑法教授哪个人的著作字数不比他多?

在著作很容易等身的我国今日社会,贝卡里亚可以给我国法学家的启示是:决定一个人在世界刑法学界地位的,不是著述字数的多少,而是著作中有无独到的发现和真正精辟有价值的观点。

弗朗西斯·培根

弗朗西斯·培根的随笔(essays),篇篇脍炙人口,我尤爱其《论读书》和《论司法》两篇。谈到读书,培根尝谓:"读史使人明智,读诗使人灵秀,数学使人周密,科学使人深刻,伦理学使人庄重,逻辑修辞之学使人善辩:凡有所学,皆成性格。"这句话似属平常,却让我知道了什么是见识。谈到司法,培根有名言云:"一次不公的判断比多次不平的举动为祸尤烈。因为这些不平的举动不过弄脏了水流,而不公的判断则把水源败坏了。"所以"为法官者应当效法上帝(上帝的座位是他们坐着的)"。这种说法真是深入人心,我国的司法人员如今也喜欢在文章中加以引用。

当初读书及此,尚不知培根虽然以哲学、文学和思想闻名于世,却是一个法界人士,更不知培根曾因贪腐弊案入狱,这导致其司法人生染上难以泯去的污点,尽管这无损于他作为哲学家和文学家的伟大。

弗朗西斯·培根生于1561年1月,12岁便入剑桥大学三一学院学习,15岁作为英国驻法大使的随员前往巴黎,1579年入格雷法律学院(Gray's Inn)学习法律,1582年获得律师资格。培根生于名门望族,仕途一路畅通。1602年受封为爵士,1604年被任命为皇家法律顾问,1607年成为首席检察官助理,1617年进入内阁担任掌玺大臣,1618年1月又被任命为大法官,同年7月受封为维鲁兰男爵,1621年又被封为圣奥尔本斯子爵。不过,似乎应了"月满则亏"那句老话,从此便遭踬,在仕途上一蹶不振。

1621年春,有人向上议院司法部门告发培根多款贪污案(即我国现行刑法之所谓"贿赂案"也),培根下狱并受到审判。不过,培根可能是颇为冤枉的。事实是,他身为法官,接受诉讼人的馈赠有点习以为常。这种馈赠有受贿的嫌疑,当然无法辩解;另外,培根有一个庞大的府邸,对于家务又疏于管理,可能也存在仆人接受礼物而他本人并不知情的情况。为维持庞大的家庭开支,培根时常借款,而又不曾细查钱的来源。当他认识到告发者势必将案件进行到底、上议院很可能给他判罪时,他表示:"我发现有足够的材料,使我放弃辩护,并请求各位贵族对我定罪并加申斥。"同时他也指出当时存在的贪污风气,称他个人的问题"不仅有个人的罪恶,也还有时代的罪恶"。

1621年5月3日,首席法官罗伯特·哈顿爵士(Robert Hutton)在上议院宣告了对弗朗西斯·培根的判决,培根被确认有罪,判决其付罚金及赎金4万镑,并监禁于伦敦塔内以候王命,在国家或联盟内永不雇用,不得担任任何官职,不得任国会议员或进入宫廷地区范围之内。在伦敦塔内只监禁了几天,英王便豁免了他的罚款。弗朗西斯·培根在其权力巅峰陨落后,对于处罚的公正性表示认可,他曾经写道:"我是近五十年来英国最公正的法官,但这一判决是近二百年来议会作出的最公正判决。"后来培根想争取担任伊顿学校的校长,竟未能如愿。

耐人寻味的是,罗伯特·哈顿爵士宣告对弗朗西斯·培根的判决,也几乎同时宣告了英国司法腐败的终结。1940年,莫里斯·谢尔顿·阿莫斯爵士意味深长地说:"英国刑事司法因各界民众对英国法官的完美无瑕——他们完全不受来自官方的压力和腐败的影响——深予信赖而得到广泛拥护和尊重。自从伟大的大法官培根爵士(1561—1626)——《新工具》一书的作者——因受贿被免职、罚款和拘禁以来,据信再也没有法官犯这样的罪行了。"

多么令人惊讶!要知道从培根被判决有罪的1621年到1940年,竟有319年之久,算到现在,已经长达389年。在如此漫长的时间里,法官保持了廉洁公正的司法品格,不可谓不是司法史上的奇迹。

我们的司法和司法官不正期望得到民众的拥护和爱戴吗?这不是空喊几声"司法为民"就能够达到的效果。对于我国司法官来说,仔细研究一下英国的法官何以能够做到清廉自守,再进一步思考一下何以英国各界民众对法官深予信赖和尊重,也许能够获得一些启发,重新认识自己在社会上的意义,找到挽回司法公信力的办法。

奥利弗·温德尔·霍姆斯

大约在1986年,一位华裔学者在西南政法学院举办讲座,讲座规模不大,听讲的人不算多,只装满一间小教室。那时对法学懵懵懂懂的我,印象殊深的是这位学者说过的一句话:在美国,最受尊重的职位并不是总统,而是联邦最高法院的大法官。

的确,在美国,人们对电视出镜率最高的现任总统总是极尽嘲讽挖苦之能事,以总统为讽刺目标的政治漫画铺天盖地,习以为常,"犯上作乱"之徒不但不会被"锦衣卫"拿下,还用这些讽刺作品混碗饭吃,这种不崇拜权势的国家没有前途,不问可知。

对法官,却不大见到这些讥讽嘲骂,美国人对法治的信心,部分体现在对法官的信任上。美国法官受到尊崇,的确值得我国同行艳羡。

在备受尊崇的美国联邦大法官中,奥利弗·温德尔·霍姆斯(Oliver Wendell Holmes, 1841—1935)更是显赫人物,有人甚至称他为"现代美国法律精神的基石"。

1902年8月3日,美国总统罗斯福任命美国法学家奥利弗·温德尔·霍姆斯为联邦最高法院大法官,接替病中的大法官葛列。霍姆斯是现代实用主义法学的创始人,1866年毕业于哈佛大学法学院。1867年取得律师资格,此后15年在数家律师事务所从事律师工作,其间主编了詹姆斯·肯特大法官所著《美国法律评注》第12版。1882年8月他担任马萨诸塞州最高法院法官,1899

年成为该法院的首席法官。就任联邦最高法院大法官后,他一直任职30年,直到1932年以91岁高龄退休。他的去世,是20世纪国际重大新闻之一。

1936年郑竞毅、彭时所著《法律大辞书》之补篇,介绍霍姆斯(当时翻译的中文译名为"荷姆斯",现在也有译为"荷马"的)云:"美国法律家。1841年生于波士顿(Boston),曾出征南北战争,为陆军中校。1866年肄业于哈佛大学(Harvard U.)修法律,充律师。任母校宪法及法律哲学讲师,甚久。其所持法理学之意见,以社会生活为基调。1982年任法律教授,同年任马萨诸塞州高等法院推事。其判词识见卓越,文章优美,有超群拔萃之观,著有《习惯法》(*The Common Law*, 1881)、《法学论丛》(*Collected Legal Papers*, 1920)、《荷姆斯推事关于判决上不同之意见》(*Dissenting Opinions of Mr. Holmes*, 1929)等书。"

据说霍姆斯"热爱女人和美酒,而且是社交界中的闻人",这使他更富有人情味,后人也可从中领略他的独特个人魅力。我记得在一本英文书中偶然读到霍姆斯与一位中国法学者的交往,当时想译出这个章节,一忙就搁下了。那上面记述他给这位中国的后生一些有益的指点和建议,现在写文章谈霍姆斯,正好可以拿来隆重介绍一番,国人读来必感亲切有味。不料一时却找不到这本书了,只好轻叹一声,留待将来再弥补。

霍姆斯的学说给后世影响很大,他的不少名言隽语为后人所熟悉,如:"一个罪犯逃脱法网,同一个政府非法的卑劣行为相比,罪孽要小得多。""法律的生命从来也不是逻辑,法律的生命是经验。""真理的最佳测验是在市场竞争中,欲让真理被接受的思想能力。""唯一受有权力者珍视的便是权力;一般人珍视的却是命令。"

"律师花了许多时间喷烟。""用法律确定夜与昼、幼年和成熟以及其他极端相对的事物时,必须确定分别的点和区分的线……这点和线似乎有些武断……但在没有准确的数学或逻辑方法而仍必须划定点线时,除非我们能说法律上的决定是过于宽广的界限,否则仍必须接受它。"这些都是霍姆斯的名言,出自一个充实而智慧的灵魂。

儿岛惟谦

法律有两种:纸面上的法律和行动中的法律。

立法机构依一定程序将法律制定出来,法律通常便以书面的形式存在:我国公元前536年,子产在郑国"铸刑鼎",将法律铸在鼎上公布;古巴比伦王汉穆拉比却将法律刻在石碑上。现在的法律一般都印在纸张上,白纸黑字,似乎神圣得不得了。不过,这只是纸面上的法律,在运用中它是否真的神圣,还需要拭目观察。我们司空见惯的是,纸面上的法律讲得沁人心脾,实际上只是"法律白条",根本不能兑现;有的更是左手(甲法律)给的权利,又被右手(乙法律)拿回,只见忽悠,哪里神圣?

行动中的"法律",是司法运作中的实际做法,与纸面上的法律可能存在不少差异,甚至与纸面上的法律发生根本冲突。要想使纸面上的法律成为行动中的法律,或者说,要想使纸面上的法律与行动中的法律一致起来,一要靠权利被侵害者"为权利而斗争",社会舆论给予支持;二要靠施行法律的人严格依照法律,让纸面上的法律与行动中的法律一致起来。

说到这里,不可不提曾任日本大审院院长的儿岛惟谦。

在日本,宪法学教材谈到司法独立,常以大津案为例,儿岛惟谦在其中发挥了关键作用。1891年(明治24年)5月21日,前来日本漫游的俄国皇太子(即后来的尼古拉二世)突然在大津受到担任警卫的津田三藏的袭击,头部被打伤。事件发生后,松方正义内阁成员和元老们担心俄国以此为由对日本施行军事报复,便对法院施加压力,要求法院对津田三藏判处极刑。不仅如此,天皇也下了诏书,要当时担任大审院院长的儿岛惟谦谨慎处理。松方正义首相、西相内相、山田法相等人,多次强烈要求儿岛惟谦对津田三藏适用有关加害皇室的规定[按照当时《日本宪法》即1880年(明治13年)制定的《日本刑法》第116条的规定,伤害天皇、太皇太后、皇后、皇太子者处以极刑]。儿岛惟谦没有屈从压力,拒绝政府对司法的干预,坚决主张只能根据加害普通人的法律规定,按谋杀未遂罪论处,不能违背法律枉法裁判,损害司法尊严。儿岛惟谦说服了审理此案的态度比较软弱的法官。5月27日,在大津举行开庭审判的大审院法庭以普通谋杀未遂罪判处津田三藏无期徒刑,从而维护了司法权的独立。这一案件,被认为是日本司法史上里程碑式案件,作为日本司法独立的主导案例(leading case),经常被后人引用。

司法史上,司法独立最初之实现,皆与法官自身争取独立有关,尚未见仅俟天落饼而得到此一好运气者。日本明治维新后,认同司法独立原则,但将纸面上的法律转为行动中的法律,却是通过办理大津案完成的。

儿岛惟谦生于日本天宝年间,郑竞毅、彭时作著《法律大辞书》补编介绍他生平云:维新前奔走国事,从北陆会津之军有功,明治四年入司法部,历任和歌山名古屋大阪等处司法官,明治二十四年为大审院长,是年五月大津案事件起,举国狼狈,须将犯人处以极刑以和俄人之怒;然法无极刑之明文,惟谦力争始能保持司法之独立,与国家之威严,意气壮,厥功伟矣。后辞贵族院和众议院议员,明治41年病卒(1908年7月1日)。

我见儿岛惟谦年迈时照片,须发尽白,眉目间颇为慈善,仿佛仙风道骨,长长的胡须,正是当年流行样式。他大概不能称为法学家,我不知他有何法学著作或者有影响的法学观点;他是个法律实践家,大津案维护司法独立,足以使他不朽。

西方国家之法官(包括日本一些法官),往往人以案传,提起他们的时候,一些著名的案件也随之被提起,这些案件与他们的名字联系在一起;要么他们作出了影响巨大的判决;要么在推动司法文明进步方面作出了显著贡献,儿岛惟谦便是如此。我国司法实行集体领导,难以把案件与司法人员的个人贡献结合在一起。有些司法官之所以出名,或者因其官衔,或者因其废寝忘食、夜以继日的先进事迹,谈起他们,想不起哪些重要案件与他们的名字联系在一起。我暗中期盼我国将来的司法界名人,他的名字像儿岛惟谦一样,与某个著名案件的里程碑式的判决或者处理连在一起。

并且期盼:纸面上的法律同时是行动上的法律,它们实在不应该是一对怨偶。

维辛斯基[*]

曾有一段时间,我常将"维辛斯基"和"奥斯维辛"记混,这两个词有三个汉字相同,排列组合虽然不一样,对我来说,鲁鱼亥豕,免不了弄错。

维辛斯基是一位苏联前总检察长的名字,奥斯维辛却是纳粹一个臭名昭著的集中营的名字,混在一起,对维辛斯基真是不敬得很。好在现在总算把两者分清楚了,对维辛斯基既有了一个交代,也避免讲错名字贻笑大方,于维于我算是两利。

说起安·扬·维辛斯基(Andrei Y Vyshinsky),那可是一个响当当的名字。他是苏联历史中一位声名显赫的人物,公认的苏联国务活动家、法学家,生前也是货真价实的苏联科学院院士。他生于1883年,1913年在基辅大学法律系毕业,随即留校,打算做个教授,不过,他的政治主张和思想观点为沙皇政府不容,不久被革职了事。沙皇政府垮台之后,维辛斯基命运花明柳暗,别有一番气象了:1921年到1922年,他任职国立莫斯科大学,出任教授,并担任普列汉国民经济学院经济系主任。1923年,他出任苏联最高法院刑事审判委员会检察长,1925年又转任国立莫斯科大学校长,1928年任俄罗斯联邦教育部人民委员部部务会议委员。1933年任俄罗斯联邦共和国检察长和司法人民委员部副人民委员,同年任苏联

---

[*] 本文内容被百度百科"维辛斯基"词条大量采用,特此说明。

副检察长,1935年起任检察长。1939年起,他担任苏联人民委员会副主席,直到1944年。1940年起兼任苏联外交人民委员会第一副人民委员,1946年后任苏联外交部副部长,1949年起任苏联外交部长。1950年2月14日在莫斯科签署的《中苏友好同盟互助条约》及协定,就是此公与中国政务院总理兼外交部部长周恩来共同签字的。维辛斯基还担任过苏联派往联合国的首席代表和苏联宪法修改委员会主席,履历表上开列的经历着实令人肃然起敬。1954年11月22日,维辛斯基去世,一段令人眼花缭乱的缤纷人生才告结束。

维辛斯基学法律出身,从事检察工作多年。任职检察长期间,正值斯大林进行政治"大清洗",他是那时炙手可热、令人生畏的人物,特别是在三次莫斯科审判中,他成了法庭上最耀眼的人物。国家的杀人机器一经开动,维辛斯基便充当了"法庭谋杀"的操作手。当时的法庭记录,留下他咄咄逼人的质问和声色俱厉的指责,被告人往往争先恐后地认罪,辩护律师和审判员的声音几乎湮没无闻,很明显,审判完全是处于维辛斯基的强力操纵之下。那时维辛斯基双手沾上的血腥,永远不可能再洗掉了。

好在维辛斯基并不仅仅是一个曾经开动过镇压机器的追诉者,他也是一位当之无愧的社会主义法学理论家。他绝非空头法学家,生前写作出版了多部法学著作。我曾见1948年美国纽约出版的维氏《法律与苏维埃国家》英译本,那是一部宪法学著作,有皇皇巨著的模样,权威性不问可知。事实上,他的法学理论不但在当时的苏联极具影响力,在其他社会主义阵营的国家,也有深刻影响。我国法学理论至今还可见到这种影响的余绪,就是明证。

安·扬·维辛斯基大概是20世纪50年代以来我国法学者最

熟悉的苏联法学家的名字,他的法律和外交著作在我国多有翻译出版。早在1949年11月,我国新华书店就在东北出版发行了摘自维辛斯基主编之外交大辞典的《外交》一书,用以指导年轻的社会主义中国的外交。1985年,东方出版社还出版了署名安·扬·维辛斯基、苏·阿·洛佐夫斯基主编的《外交辞典》(第一卷 A-K)。1950年,新华时事丛刊社所编《第四届联合国大会维辛斯基等讲演集》由新华书店出版发行。1950年,商务印书馆出版了维辛斯基所著《苏联地方机构》中译本。1954年,人民出版社出版了维辛斯基法学著作《苏维埃法学中的几个问题》《苏联选举法问答》,1955年和1957年,法律出版社分别出版了维辛斯基《国家和法的理论问题》和《苏维埃法律上的诉讼证据理论》。

俄文《苏维埃法律中的诉讼证据理论》是维辛斯基1941年出版的著作,斯大林对此书大加赏识,将其定为正统的马克思主义法学经典著作,1947年还授予其一等斯大林奖。维辛斯基对苏维埃法律中诉讼证据理论的研究看起来颇见功力,其著作中沿袭了沙皇俄国时的某些法律理论,从学术角度看,这些理论及其在苏联法学中的袭用和变化,都是值得留意的。除去许多空泛的意识形态呓语以外,维辛斯基的著作有些内容还是值得阅读的。若不因人废言,作为了解苏联社会主义法学理论的途径,他的书不该被忽视。我观《苏维埃法律中的诉讼证据理论》,想起鲁迅的一句话:"一道浊流,固然不如一杯清水的干净而澄明,但蒸馏了浊流的一部分,却就有许多杯净水在。"

值得玩味的是,尽管维辛斯基对诉讼证据理论有相当素养,在1937年1月第二次莫斯科审判中,他却说出这样令人啧啧称奇的话:"指控被告的罪行是被告亲手造成的……但是,我们要具有什么样的证据才符合诉讼要求呢?这个问题也可以这样问:您说这是阴谋案,但您的证据何在呢?……我敢肯定,对有关阴谋事件的案子,不能提这样的要求,刑事诉讼学中的基本法则也是这样讲的嘛。"维辛斯基此言,真可与吾国宋代那位秦某人一句"莫须有"隔代辉映了。亚历山大·奥尔洛夫就此评论道:"国家公诉人就这样恬不知耻地表明,这种指控无须任何能证明被告人的证据。"

理论与实践的关系,始终耐人寻味。读维氏著作,再看此公在苏联"大清洗"时的言行,实践的阴翳立即笼罩了那些理论,使理论也变得幽暗而模糊了,这也算得上是一个悲剧吧。

维辛斯基

八秩江平

时常想问这样一个问题:法学家是不是一个快乐阶层?

可能的答案是,我国处在法治初创时期,法治犹未尽取人治而代之,司法状况不尽如人意,官权与民权的消长也未臻理想之境,正义女神步履蹒跚。一个背负着沉重历史包袱的国家向法治国转变,需要假以时日,不能一蹴而就,然人生也有涯,谁不想在有生之年看到法治功成?叔本华早就说过,一个人的快乐程度是与他麻木不仁的程度成正比的,法学家若没有失去士人矜持敏感的柔肠,时常忧念于心,恐怕快乐不起来。

不过,面对装了一半水的法治之瓶,只看到那空着的一半,法学家不会是一个快乐阶层;如果还能看看那装着水的一半,还是能够时时欣慰地展颜一笑的。

我不知道将这样一个问题向已届八秩的江平教授提出,老先生作何回答。

往前推60年,江平先生刚从青涩少年走向理性成熟,负笈燕京,不久神州易帜,他远赴世界之都莫斯科学习法律,回国任教时正是1957年,转过年来就因惜诵(郭沫若氏解为"爱说话")而致憨,从此20年运交华盖,不但精神受到摧折,身体也遭大厄。及至恢复教职,人近半百矣。疮痍满目之国犹如枯木逢春,被侮辱与损害者才时来运转。经过"无法无天"的时代,到亲身参与国家将法律体系塑造成型的伟业,中间又遭政治湍流,国家总算是从法制迈向法治——若为江平先生作传,他起伏跌宕的个人史多么像当代的民族史。

你说有着如此坎坷经历的人,面对国家之发展,法律之成长,该是怎样一种心情?

中国在法治之路上刚刚试步,法律体系之初步建成不过是为法治开局提供了一个条件,法学家的使命并未卸去。在使命感的驱策下,江平教授对民瘼民生颇为关心,对不公不义更加愤慨,有良知的知识分子的社会责任感愈加激发,古稀耄耋之年,他心中江潮难平,为法治天下鼓呼,为私权伸张呐喊,社会影响力有增无减,事业如日中天。庙堂之上,江湖之远,仗义执言,奋笔疾书,成为法学界讲真话的巴金。为国亦急,为民亦忧,谁能说这不是心怀天下、先忧后乐的士人情怀的延续?有这种使命感、责任感的人,当然不会日日笙歌如神仙般快活。

如今江平作为法学界的精神象征而存在。人们以崇敬心情仰视这位老人,将自己对于专家学者的热望投射给他。这使他的八十华诞并非"一人之事"而已经成为"众人之事",无论受业弟子还是门墙外慕名之士,都衷心祝福他健康长寿。他在法学界的感召力、影响力,是在许多事件中直言不讳发出自己的清醒声音赢得的。"只向真理低头"是他的名言,这句话传达的铮铮骨气不仅是一种精神存在,也体现在他的行动中。他不仅是精神启蒙者,也是身体力行者。透彻锐利的思想、高亢抑扬的声音,让千万听讲者为之倾倒;他在2007年出版的著作,颜曰"我所能做的是呐喊",在一位律师的笔记本上,他写下这样的赠言:"中国社会需要呐喊者,要为律师呐喊,为法治呐喊,为宪政呐喊!"一个曾因言罹祸的法学家用自己的行动证明,在理性与良心的驱策下,在国家民主、法治的进程中不会作一个缺席者,无论万马齐喑还是众声喧哗,在需要发出声音时就一定发出自己的呐喊。

不过,"我所能做的是呐喊"是否也表达了一种无奈?任一学者穷其一生所成之事也都有限,何况古稀之后的老者?让一个八秩老人失去内心的平静,忍不住为社会不平事奔走、呐喊,到底是谁的耻辱?我想,国家民主法治非一人之事,乃是众人之事,法律人应当争气,不要只知保官逐利,让私欲模糊了自己的理性,让贪念消解了自己的热情,共同为公平正义付出心力,使江老欣慰于"吾道不孤",才是对江平教授最好的追随,才是江平教授应当感到的最大欣慰。对于国家、民族来说,也是一件幸事。

纪伯伦曾言:"天堂就在那边,在那扇门后,在隔壁的房里;但是我把钥匙丢了。"在江平先生的呐喊里,在那些简单、朴素的真理里,我们找到这把钥匙。

卷八 volume 8

短文的妙处

尽管还没到"但觉新来懒上楼"的可敬年龄,对一脸严肃的高头讲章、学术论文的兴致却减少很多。近年来被许多味道堪比嚼蜡的法学专著、既不学也无术的长篇论文弄得头脑混混沌沌,再看到时,心里会有一点妊娠反应——呕不出来的难过。尤其是在溽暑或者严寒天气,读书看文,需要找点好消化的著作和文章,便拿短文来过眼。

短文难以藏拙,妙处全在一个短字。巴掌大的一篇文章,有没有一点真知灼见,读来洞若观火。要知道,有知识无见识,有意见无创见,正是时下法学者的写照,看到他们三天两头就分赐苍生、恩颁宇内一部大书、几篇宏论,发觉字数黑压压、密麻麻的就是比较容易蒙混,不大会被看出真痴拙见和麒麟皮下的马脚,也易于博得芸芸众生起敬起畏。至于将翻译过来的资料来个一勺烩,搞些编译式论著,更是讨巧得很,足够让后生小子"习惯性引用"了,真是漪欤盛哉,值得申请法官大签其佩服令。不过,抖落泛滥的资料、庸俗的套话,可就再剩不下啥,但谁要是搞明白这一点,却已经花了许多冤枉时间和宝贵精力。倒是短文比较不像为谋财害命来的,就因为这个,杂文随笔作者就值得被记个人三等功。

别看杂文随笔短如兔尾,写得精妙并不容易。要是仅看字数,短文当然好写,手快者可以让你立等可取;但要真的好,没点慧心,少些才气,是不行的。有的话题本来不错,读来却如隔靴搔痒,这对于杂文随笔来说可谓不幸。

余光中解释"痒",有一段妙文,云:"痒原是一种生理现象,其感觉介于舒服和难过之间,搔到了,那真是难以形容的舒服;搔不到,依然只是难过。有些话,自己说不出,别人又说不中,便成为心痒难搔。作家虽多,奈何搔来搔去,总似于隔着一层厚皮靴子,木楞楞的,怪不着力。今日中国的文化界,痒得很像一只资深的香港脚,可惜大半的文化人,误把厚皮靴子当成那只脚。结果搔者自搔,痒者自痒。真要搔到痒处,必须把那双不痛不痒的厚皮靴子直截了当地当众脱下来,然后直抓那皮肤。"

不过,若要"直抓那皮肤",有时难免要发些不合时宜之论。我读东坡逸事,最爱这一段:

> 东坡一日退朝,食罢,扪腹徐行,顾谓侍儿曰:"汝辈且道,是中何物?"一婢遽曰:"都是文章。"坡不以为然。又一人曰:"满腹都是见识。"坡亦未以为当。至朝云,乃曰:"学士一肚皮不合时宜。"坡捧腹大笑。

朝云果然不愧东坡知己。不过,以东坡之诙谐幽默,善于在高朋逸友间化解矛盾制造和谐,写林语堂式的文章可以,写匕首投枪式的文章,还须鲁迅这种绍兴师爷般的刀笔才行。东坡一肚子的不合时宜,笔下倒不怎么敢冒天下之大不韪,毕竟是聪明人。

不过,以上这些议论,不过豆棚闲话而已。闲来无事,一时想到这些,拉拉杂杂写下来,絮絮叨叨说完了,也就如一缕烟消散在空中,可以搁笔披衣推门晃出去,替老婆、孩子打酱油去了。遇到突发事件,摄像机瞪视在眼前,话筒直逼到鼻尖,硬要表态,连谎都不用编:我是打酱油的!

感恩

人,需要一点感恩的心情。

台湾李行导演拍摄的影片《秋决》,描写这样一个故事:被奶奶一手养大的裴刚胡作非为,杀人入狱。奶奶长期以来对他的宠爱养成他的娇纵性格——他每次作恶都得到奶奶的保护最后平安无事,奶奶抱着负疚心情,用银子上下打点,想尽办法要把他救出监狱,但这些努力都付诸东流。裴刚认为奶奶没有尽心,勃然大怒。奶奶无奈,对于裴刚的辱骂只是默默承受。为了保住一脉单传裴家的香火,她听从刑曹的建议,求得牢头同意,在大雪纷飞的夜晚,将另一个由她养大的从娘家带来的女孩子送到狱中与裴刚成婚并行房,她自己一直守候在监狱外不肯离去。由于受了风寒,一病不起,竟撒手西去。临死的时候,她叮咛家人,不要将她的死讯告诉裴刚,因为裴刚恨她,不知道她死还有个发泄的对象。几个月后,裴刚偶尔知道奶奶已死,才忽然良心发现,号啕大哭,说:我恨她,恨她给了我那么多爱,最后还把自己冻死了,我恨她! 不过,这时他嘴里的"恨"字已经完全换了一番意思。

古语云:"树欲静而风不止,子欲养而亲不在。"裴刚的悲剧在于,他从来无感恩之心,等到意识到自己全错的时候,他感恩的对象已经离开人世。其实,何止裴刚,我们不是也常常忘了心存感恩,忽视甚至有时会"伤害"我们应该心存感谢的人?

从小到大,需要感恩以及报恩的,其实很多。古诗云:"慈母手中线,游子身上衣;临行密密缝,意恐迟迟归;谁言寸草心,报得三春晖。"这种无私的爱,实难回报,也不求回报的。对于这样的爱,即使我们无以为报,起码应当知道感恩。

提到感恩,难免要想到美国的感恩节。在各种西方节日中,这是我最喜欢的节日。感恩节是美国人独创的节日,每到11月的第四个星期四,美国人就全家团聚在一起,共度这个节日。感恩节起源于"感恩"的实事:1620年"五月花"号船载着102位逃避国内宗教迫害的英国清教徒来到美洲。当年冬天,他们饥寒交迫,死去一半,活下来的只有50来人。善良的印第安人给他们送来生活必需品,还教他们狩猎、捕鱼、种植玉米和南瓜。这些来自英国的移民在美洲总算站稳了脚跟,获得了丰收。丰收之后,按照宗教传统习俗,感激涕零的英国移民确定了感恩节。感恩节里感谢的是上帝,毕竟这些英国人都是清教徒。实际最应该感谢的,是那些淳朴善良的印第安人。当时,这些英国移民邀请了印第安人同他们一同庆祝节日。感恩节起初并没有确定日期,美国独立后,感恩节的日期才被确定下来并成为全国性的节日。

这样的节日,提醒美国人要学会感恩。

我国没有这样的专以"感恩"命名的节日,尽管古代的寒食节、当代的父亲节和母亲节都含有感恩的含义。也许我们更需要的,是这样一个每年一度提醒我们感恩的节日。如今,西方节日(俗称"洋节")在中国流行,不过,流行的是圣诞节、情人节,尚未见到感恩节流行。我深深希望,中国也有自己的感恩节。

这样的节日,虽然不如圣诞节、情人节浪漫,但它更深沉,更有价值,它可以提醒国人:你、我和他,要有一份感恩的心情。

与人无爱亦无嗔

苏曼殊诗,没仔细读过,对于其中"与人无爱亦无憎"一句亦无印象。后来读梁厚甫文章,见题目有"与人无爱亦无憎",才有一点印象,但文章内容,浑然忘却。好在家藏梁先生的这本书,想起时可以取阅。今日又读到傅孝先的《惘然与偶然》,引用的两句是"雨笠烟蓑归去也,与人无爱也无嗔"。到底是"与人无爱也无嗔"还是"与人无爱亦无憎",一核对,原来是:"禅心总被娥眉妒,佛说原来怨是亲。雨笠烟蓑归去也,与人无爱亦无嗔。"但我觉得,即使以讹传讹,"与人无爱亦无憎"倒也说得不错。

又读梁章钜《楹联续话》,有一则谈集联,云:"张仲甫中翰(应昌),兰渚先生哲嗣也。最恪谨,守家法,近手录先生所集经语楹联见寄,如云:'有忍乃有济;无爱即无忧。'上句出《尚书》,下句则《四十二章经》中语也。"这里的"无爱即无忧",便是"与人无爱"的意思。

仔细咀嚼这番话,忽然有所憬悟。人的感情痛苦,无非来源于爱憎意欲。当年乔达摩·悉达多王子苦苦思索,悟到的就是这个道理。如果能做到"与人无爱亦无憎",学太上忘情,内心也便云淡风轻了。

但,谁又能做到这一点呢? 佛家叫人禁欲,古小说中却充满僧尼纵欲的故事。施蛰存先生小说中的鸠摩罗什,为情欲煎熬,吞针自警,但头脑里的情欲能抹掉? 明代志明和尚戏为打油诗四十首,结集为《牛山四十屁》,最有名的一首是这样说的:"春叫猫儿猫叫春,听他越叫越精神,老僧亦有猫儿意,不敢人前叫一声。"名曰"放屁",说的确是青灯古佛边的实情。

这几天读纳兰词,有了比以前更强烈的共鸣。纳兰早逝,实无足怪,看《饮水词》,读到"辛苦最怜天上月,一夕如环,夕夕都成玦",情深如此,便知夭寿,谁叫他写尽人间肠断词呢——此所谓"情深不寿"的道理。生活在幸福中的人们,不知几人真懂纳兰性德?岂不闻"家家争唱饮水词,纳兰心事几人知?"

要做到"与人无爱亦无恨",一个字:难。

要知道,爱情是一种谋杀方法。当你爱上一个人,又得不到他(她),你不能抑制情感的话,就会痛苦得要"我醉欲眠"了。三岛由纪夫的小说《禁色》,便是利用这个原理进行报复的故事。小说描写一个老作家桧俊辅3次婚姻都失败,又被几个情人背叛,他认为这是由于自己容貌丑陋所致。当他认识了英俊青年悠一,就收买他与少女康子结婚,并让与自己相恋过的镝木夫人和恭子与悠一接近,利用悠一的美貌,搅动3个女性争风吃醋,进而让悠一抛弃她们,达到报复的目的。这是一部奇情小说,日本文艺作品中不乏这一类奇特的故事。

当然,恨是双刃剑,很容易伤到自己。如果你恨一个人,必欲杀之而后快,痛苦的不正是你?法国影片《基督山伯爵》的结尾,基督山伯爵对他曾经的恋人说:多么愚蠢啊,复仇……这句话要传达的就是这样的意思。

可叹的是,人间世,几人能饮忘情水,摆脱感情的羁绊?

想到这里,不得不服膺于叔本华哲学了。

有关月亮的四画屏

风暖一分便增加一分温柔,有月如钩如娥眉,在虫声新透窗纱的日子里,在老屋的斜上方,不知为谁瘦为谁憔悴。断肠人在廊下,心思同草色一同潜长,人如新月,新月如人。夜里犹有不耐的春寒。雁归人未归,潮来船未来,凭栏人看细柳才黄,情牵恨惹的岂独是柳,岂独是月?

水月溶溶,如在秦淮听浅斟低唱、茶尽盏翻,碎银满眼,团扇挥不去背上的暑热,唤不来水上的清凉。树影婆娑,健妇村夫席地而坐,不知有月,笑在红瓤黑子之间。你我无言,不肯轻纵这一美景,痴想湖山妙处有万千,今晚只有卧游而已。

一轮才满,山中已遍布虫声。山道并不狭窄逼仄,清辉满地,踏上去真怕有萤光溅上身来。树欲静时风便止了,小山房主人有福了,推窗见月,垂下帘子还见月,枕一席清光而睡,梦时醒时都有满月逗人诗兴,精精细细怕也画不圆吧。子时过后,枯荷上有露如珍珠,夜凉如水,想起给友人写一封信,告诉他移舟近月时珍重加衣。

曾记那年风雪,披一身柳絮往灯火阑珊处借宿,附近山上的长城想必已一片缟素,在黑暗中看不分明,心里只念着暖炕明窗,看关城也摧颓了。今日门外也是积雪满枝,酒因天冷而涨价,火炉燃起时彼与彼已醺醺然了。有人叩门告前村梅花消息,于是出门去看,正见一幅冰轮清光皎洁,两三枝梅花走漏春的消息。

虞美人

水中捞起你的影子像捞起历史,在一个阳光强烈的下午把你晾干。你浅笑的面庞有栀子花的香味,忧郁写进你的背影。在都市疯狂的摇滚节奏里,在车灯和车身淡蓝色流线的变幻中,你是月亮,眼里有三月的忧郁,曾经寻找也曾经绝望。在一家超级市场的大穿衣镜前,在节日的焰火里,你凄婉的转身没有留下一丝惊扰;在鹦鹉绿的铜镜里,在水中,你的眼是凄迷的雨天,曾经蜻蜓式地停留曾经鉴照。你轻叹一声在我的心上走过,名字留在一张旧唱片的封皮上很安静。你转过身去,像一个羁旅伫立黄昏,遥想许多年前那阵楚歌,弧光灯聚射下,舞台上刘邦的脸笑得稀烂。

温温软软的夜是一层薄绢罩着星光罩着碎碎的马蹄声。从马蹄声里翻身下来闯进半扃的门,满腮的胡须扎得脸好疼,那丛胡须会笑。女人是花瓶且比星光软,神秘像一座小岛,男人专爱冒险,且战胜也是战败,一位粗鲁的将军也会变得温柔。铠甲卸在一边剑戈卸在一边,将军成了不设防的城市如罗马。在蝉蜕般的快乐与痛苦里互为战利品,一个被柔美征服,一个被壮美征服,共同孕育一个故事,快乐与痛苦都在瞬间开谢。

山丘上一小块月亮惨白,一小圈风晕如挂在心帘上的梦痕,读懂它便读懂战争前的静谧。从会稽飞来一匹马,马上是项燕的子孙,身后扬起江东子弟的欢呼。阿房宫像一场梦,梦做得美丽而惨,在一阵炽热明艳的女袖狂舞中化作始皇帝一声惊叫,博浪沙逃走的刺客的黑影定格在嬴政不瞑的眸子里。大旗招招在风里作猎猎之声,几个孩子踏碎了一个精心构造的沙堡。酒泼出去灵魂也泼出去,一个吃生猪肉的人闯进帐篷嚷着什么,这些已成远景看不清楚。推车的人一觉醒来发现坐在了下坡的车子上无法跳下来,只问到了什么地方,有人回答:鸿门。

后来听说:千军万马衔枚急走在汉中一条狭窄的坡道上,像一条蛇流入秦岭的阴影里又从阴影里流出来。后来听说:拿破仑也败过 回,无数历史学家从四面八方涌来,用尺子丈量胜负的意义也如中国。占栈道流出的马蹄声全今响在琴筝上,那个游戏玩得很残酷四面都有歌声。将军的怒发飘在风里如一团野烟,将军很疲倦也很孤独。历史学家读得懂烛光下篆体的厮杀,读得懂墓碑上模糊的英雄故事,读不懂将军重瞳里的大火,你的眼里有忧郁。

大王意气尽,贱妾何聊生。真是一盘快棋,你未看懂时他已输了。你知道这盘棋为男人而设为马声而设,不认识樊侩不认识张良不认识韩信,一个远离决斗的人死于决斗,只因你属于一个宽阔的胸膛,属于一个粗暴的将军眼里的温情。除了自己没有杀过人,你把握自己的命运只有这么一次,你流传千年只因为这么一次,你为别人分担了痛苦也增加了痛苦。没想到几千年了,你还走进凄迷的雨里,迷离的灯下舞台上咿咿呀呀说着你的故事,舞台下有人为你唏嘘。你用剑划一个美丽的弧线,一幅画上便有了你全身缟素身上还沾有桃红。你浅笑的面庞有栀子花的香味,忧郁写进你的背影,在那个瞬间,血涌上你的面颊你却从此变得苍白。

角落

只在不是家的地方才寻找角落。

走过很长一段路,走得累了便随便推开一扇门,一脚踏进喧嚣。酒让人想起山中一洌泉水,想起久已不弹有些陌生的清泪。也许是厌倦,也许是疲惫,想找一个安静的空间,不受人打扰,不受人恭维。看人步舞着金莲,口吐着香莲,心里半开着黄莲。在一首曲子里,看雷同的故事重复着上演。想向侍者要一只漆桶、一把刷子,将缤纷的秩序涂换成单纯的白,成两面墙,成一角落,拒所有的声喧于七步之外。角落的灯光幽暗,心境朦胧,脸迷离。想要一把椅子、一杯酒、自己的空间。

耽想在云深处依树结茅,马蹄声稀的地方是红尘的角落。拒尘嚣于千里之外,谢晋侯赏,回俗士驾。黄花久发,不曾寻杯唤酒;柴扉久叩,不曾执帚扫花。任秋水望穿,仍然寻不见隐者。梅妻鹤子的生活是角落里的自得、无人惊扰的潭影。弹一曲高山流水,四两屐印在青藤的画上。走时不带走一抹云,来时不带来半点雨。徒然在五色墨迹外痴迷,痴迷着走不进纸上风景。

蜗居在家,不求闻达,家是闹市的角落。出门一把伞遮自己的雨,竖起领子遮自己的灵魂,一把钥匙开一把孤独的锁,单薄的衣裳冷着单薄的身体。出无候门的童子,入无寄傲的南窗。独坐看昏昏的灯火、线装的唐诗;醉卧听檐上的碎雪、梦外的微雨。都市错综着冰冷冷的线条,水泥构制青灰色的假面,摇曳不定绚惑的灯光。闭门而居,听凭暗蓝色的侦探在街上逡巡,让自己的角落有一点暖意,如春雨打湿的枝头,残留一点脂香,一点花色。

心也有角落,未说的话全在角落里。一团梦影覆盖模糊的过去,声光和幻想,在角落寂寞地绽放。有一些散碎的片段,一些片段微笑,一些片段忧郁,像白色的花朵凋落。心泅渡在水上,几片叶子点染,像我们所有的忧伤,真实存在,不可触摸。

我曾从你的窗口注视落照,从你的落照追念大荒,细细的风沙已平,铁马金戈激不起旧日的半点征尘。我行过许多著雨的街头,逐一寻找你的角落,在每一个角落摩挲你的孤独。有一角发黄的爱,有一种温暖的感觉。野云闲鹤的日子像橘色的旧时光不能再来,去寻找一个角落,把自己倒空。

歌,在这个角落;泣,在这个角落;化成飞尘,也在这个角落。

零打碎敲（七则）

真迹与赝品

某法院院长被双规，从其办公室竟搜出一黄胄的画。据说市值千万元以上。

收受时唯恐不是真迹，如今东窗事发，唯恐不是赝品。

博士候选人

博士（研究）生在一些国家称为"博士候选人"（doctor candidate），意思是候选而尚未"当选"；博士乃当选之"博士候选人"。两者的区别，正如总统与总统候选人之区别。

在我国，博士与博士（研究）生的区别薄如蝉翼，博士（研究）生往往混称为博士。盖因我国之博士候选人几乎个个铁定当选为博士，就如同总统候选人是唯一参选者，必然当选为总统，何必费那脑筋在博士（研究）生与博士的称谓上花心思呢。

凡事皆有道理。

不过，没有淘汰就没有质量，是更硬的道理。

"爱国"

梁文道笑谈:"小时候,我们台湾男孩称赞一个女孩的方法有三种。第一种是说她'很美';假如她不美,我们则说她'很有气质';万一她不只不美而且还没有气质的话,我们就说她'很爱国'了。"

原来"爱国"有这妙用!

仔细想想,"爱国"真是妙用无穷。当一个国家陷入政治危机:官方意识形态受到普遍怀疑,老一套政治欺骗把戏玩不转,吏治混浊,上下贪墨,在这种情况下,统治者仍然可以安全把握权力而无需进行政治改革,自救之道就是煽动爱国。在这种有意的政治操纵下,民间盛行爱国主义(或者民族主义,特别是狭隘民族主义)。普遍的政治现象是,国家(突出表现为政治宣传和民间社会心态)陶醉于民族自大感、迷失于历史与现实被迫害的悲情、膨胀着仇外的褊狭心态。民间的这种民主自大与爱国狂热,成为官方抵御外部世界谴责和压力的最好屏障,有效地化解政治危机。政府仍然维持着官方意识形态,民间涌起民族主义、爱国主义,两股意识形态合流,成为统治者的权力维持不坠的奥秘。

塞缪尔·约翰逊曾言:"每当一个国家的经济、政治因为腐败发生根本动摇的时候,那'爱国主义'又会散发出恶臭的味道——'爱国主义'是流氓最后的避难所。"塞缪尔·约翰逊所言,揭示的正是这个道理。

出来改改①

现在古籍旧著之点校讹谬百出。有一故事:深夜,图书馆有动静,打更人大着胆子过去一看,见一着长袍者正在黢黑的夜色里拿笔涂改什么,战战兢兢问:"大爷,干哈呢?"长袍人闻声回答:"他妈的谁把我书点错了,出来改改!"

窄士

法官应当对法律融会贯通,不能只知其一、不知其二。

在我们的社会,法官长期在刑事审判庭执槌司法,对于民事审判中的法律和司法解释不甚了了,反之亦然,算不上新鲜事。本来这些法官在法学院系时"六法全书"都学过,毕业时很有点博学的气象,工作几年下来,除了本庭工作需要的法律知识,其他都还给了母校。法官"职业化"到如此地步,令人"刮目相看"。

此外,不少法官热衷于攻读硕士、博士学位,法院也以拥有多少硕士、博士自矜,成为病态现象。从名字上看,又是硕士又是博士的,好像学识丰硕,博大精深,实际上从硕士到博士,倒是越学越窄,硕士、博士应正名为"窄士"才是。法院充斥着视野狭窄、充满专业偏见的法官,岂是兆民之福?

吾师周士敏教授慨言:"法官最需要的是本科教育。"

广陵散

近日捉书细读,读到嵇康临刑索琴而弹《广陵散》,瞿然一惊。想起清华女生朱令被人以铊下毒致残,发病前在北京音乐厅弹奏的最后一曲,也是《广陵散》。《广陵散》竟如此不祥吗?

---

① 模仿二人转演员说过的一个段子。

自由

自由,像空气,人们常常意识不到它的存在。

自由,像沙漏,不细加看护,会逐渐流失。

失掉自由以后,人们才会感到窒息,才会知道它曾经存在。

跋

"黄莺在空中飞,见到水里自己的影子,忽然泄了气。她想:如果这时有一阵急冻,就可以把自己的影子留在冰面上,直到春天。但现在,她掠过的影子,是没有记忆的,就像翼下的风一样。"

——不记得这是谁说的了,写在我的一页空白纸上。也许,是我自己想到,记下来,也未可知。

有的时候,多么希望想起,或者被人记住。某个阴雨天气,一把伞,一个模糊的背影——不知道那是不是我记忆中的你,或者你记忆中的我。

有时候,你只是我的幻想。我们素未谋面,即使我相信,只要有机会,我们可能成为朋友,但我们就是不曾见过面。就像你读我写的书,或者我读你写的书,我们动如参商。

席慕蓉说:"凡是美丽的/总不肯/也不会/为谁停留。"到一定年龄,会惊觉逐渐在"失去"。君不见,一位老人会孩子气起来,他和孩子一样,想"得到"。但一说破,未免自己悲观,也让别人悲观。其实,我们有足够的理由快乐,因为你,因为我,因为某个下午,想起你时的愉悦。

即使我们并不相识。

我多么希望,这是我的一本书带给你的,愉悦。

图书在版编目(CIP)数据

法律稻草人/张建伟著. —北京:北京大学出版社,2011.1
ISBN 978 - 7 - 301 - 18232 - 1

Ⅰ.①法… Ⅱ.①张… Ⅲ.①法学 - 文集 Ⅳ.①D90 - 53

中国版本图书馆 CIP 数据核字(2010)第 246515 号

书　　　名:	法律稻草人
著作责任者:	张建伟　著
策 划 编 辑:	曾　健
责 任 编 辑:	王建君
标 准 书 号:	ISBN 978 - 7 - 301 - 18232 - 1/D·2771
出 版 发 行:	北京大学出版社
地　　　址:	北京市海淀区成府路 205 号　100871
网　　　址:	http://www.yandayuanzhao.com
电　　　话:	邮购部 62752015　发行部 62750672
	编辑部 62117788　出版部 62754962
电 子 邮 箱:	law@ pup. pku. edu. cn
印　刷　者:	三河市北燕印装有限公司
经　销　者:	新华书店
	850×1168 毫米　32 开本　8.875 印张　196 千字
	2011 年 1 月第 1 版　2023 年 5 月第 21 次印刷
定　　　价:	39.00 元

未经许可,不得以任何方式复制或抄袭本书之部分或全部内容。
版权所有,侵权必究
举报电话:010 - 62752024　电子邮箱:fd@ pup. pku. edu. cn